Ka'egso Hery

TRÄNEN IN GOTTES HAND

Ka’egso Hery

francke

Über den Autor:
Ka'egso Hery (Jg. 1968) ist als Missionarskind unter den Kaingang-Indianern im Süden Brasiliens aufgewachsen. Nach seiner technischen Berufsausbildung hat er in Deutschland Theologie studiert und einige Kurse in Anthropologie, Linguistik und Suchtberatung belegt. Nun lebt er mit seiner Familie als Missionar wieder unter den Kaingang-Indianern in Queimadas, im Staat Paraná, Brasilien.

Bibliografische Information Der Deutschen Bibliothek
Die Deutsche Bibliothek verzeichnet diese Publikation in der Deutschen Nationalbibliografie;
detaillierte bibliografische Daten sind im Internet über http://dnb.ddb.de abrufbar.

ISBN 978-3-86827-340-3

35037 Marburg an der Lahn
Umschlagbild: © iStockphoto.com / luoman, Glauco Meneghelli, t_kimura
Umschlaggestaltung: Verlag der Francke-Buchhandlung GmbH
Sven Gerhardt
Satz: Verlag der Francke-Buchhandlung GmbH
Printed in Czech Republic

www.francke-buch.de

Wie dieses Buch entstand

Wenn Sie nicht zu dem Kreis der Menschen gehören, die Christiane und mich kennen, und dennoch dieses Buch in die Hand genommen haben, dann sicherlich weil Sie jemanden in Ihrer Nähe haben, der einen schmerzvollen Verlust durchleidet, oder vielleicht selbst zurzeit einen schweren und leidvollen Weg gehen. Vielleicht eine Wegstrecke, die davon geprägt ist, dass Schmerz, Leid, Verlust und Trauer Lebensträume zerplatzen lassen und die Frage nach einem liebenden Gott und Vater ganz laut wird. Gut gemeinter Trost klingt dann allzu oft oberflächlich und erreicht das Herz nicht. Alles ist dunkel und es ist kein Licht am Ende des Tunnels zu sehen.

Die Briefe und Texte aus diesem Buch sind auf einer solchen schweren und leidvollen Wegstrecke entstanden. Sie sind nicht im Nachhinein reflektiert, sondern in den dunklen Stunden des Schmerzes entstanden. Ungeschminkt und schonungslos beschreiben sie die Gefühle eines Menschen, der sich machtlos fühlt und keinen Halt mehr hat. Sie geben Einblick in eine Welt – meine Welt –, die ihre Farben, ihren Geschmack und ihren Sinn verloren hat. Sie schildern mein verzweifeltes Ringen ums Überleben, als mir der Boden entzogen wurde.

Wenn Sie dieses Buch für sich selbst gekauft haben, dann wünsche ich Ihnen von Herzen, dass Sie sich ermutigen lassen, sich den Schmerz einzugestehen, den Verlust nicht schönzureden, Trauer als einen Prozess und Schwäche nicht als Versagen zu sehen. Ich möchte Sie ermutigen, einen Schritt nach dem anderen zu gehen, sich Kraft für diesen Tag zu erbitten und das Morgen erst mal Morgen sein zu lassen. Alles hat seine Zeit.

Wenn Sie überlegen, dieses Buch an jemanden weiterzugeben, der Ihnen nahesteht und in einer solchen Situation ist, dann lesen Sie es erst selbst. Aus eigener Erfahrung kann ich sagen, dass ein solches Buch ungelesen (und womöglich noch in Folie verpackt) eher Unverständnis als Mitgefühl vermittelt. Es signalisiert: Das ist für dich, ich brauche es nicht. Ich möchte Ihnen Mut machen, sich mit Schmerz, Verlust und Trauer zu beschäftigen. Lesen Sie ein solches Buch erst mal für sich, es wird Ihnen helfen, echtes Mitgefühl zu empfinden.

Gott hat eine besondere Schwäche für Schwache, für Menschen, die sich ihre Schwäche eingestehen. Verletzte Menschen liegen ihm am Herzen, denn er selber ist für sie verblutet. Unsere geweinten Tränen sind in seinen Händen gut aufgehoben, denn er versteht sie und nimmt sie ernst. Seine Liebe für uns Menschen hört niemals auf. Selbst der Tod kann daran nichts ändern.

Queimadas 23. Oktober 2007

Das Jahr geht mit schnellen Schritten zu Ende und es bleiben uns nur noch wenige Wochen, um uns auf unseren Deutschlandaufenthalt vorzubereiten. Da bleibt kein Spielraum für „Extras". Dennoch gibt es sie und wir wollen darauf vertrauen, dass Gott weiß, was er tut.

Christiane hatte seit einiger Zeit ein undefinierbares Unwohlsein mit Seitenstechen, gelegentliche Atemnot und Reizhusten. Als es uns vor zwei Wochen zu unheimlich wurde, sind wir in die Großstadt Curitiba gefahren, um sie von unserem Familienarzt untersuchen zu lassen. Er beruhigte uns zunächst, verschrieb einige Medikamente und ließ die Lunge röntgen. Dabei stellte sich heraus, dass sich um den rechten Lungeflügel eine Flüssigkeit gesammelt hatte. Seine vorläufige Diagnose: Tuberkulose. So musste Christiane im Krankenhaus in Curitiba bleiben. Der Arzt wollte die Flüssigkeit entfernen und eine Gewebeprobe nehmen, um sie untersuchen zu lassen. Zwei Liter dieser Flüssigkeit wurden entnommen und nun müssen wir auf das Ergebnis warten. Sie wird zunächst weiter auf Tuberkulose behandelt und muss auf jeden Fall noch eine Woche in Curitiba zur Beobachtung bleiben.

Da Christiane der Mittelpunkt in unserer Familie ist und ich meine vielseitige Arbeit nur tun kann, weil sie alle lebensnotwendigen Dinge im Griff hat, ist es für uns jetzt in Queimadas nicht leicht. Aber ein Grund zur Freude ist, dass Rebeca und Samuel großartig mithelfen und die Nachbarn uns bekochen. Alles andere wird, so gut es eben ohne Christiane geht, in den Alltag hineingequetscht.

Morgen haben wir die offizielle Übergabe von zehn Häusern, die wir in Zusammenarbeit mit dem Staat und mit den Indianern in Queimadas gebaut haben. Dann muss noch geerntet werden: Unser Mais steht sehr gut und die letzten noch freien Felder werden nun für die Soja vorbereitet, die nächste Woche gepflanzt werden soll.

Curitiba
27. Dezember 2007

Nun steht die Diagnose fest: Christiane hat Lungenkrebs. Inzwischen hat sie schon die dritte Chemo hinter sich gebracht, die Übelkeit und die Brechanfälle lassen ein wenig nach, aber Christiane fühlt sich sehr schwach und die Haare fallen ihr aus. Dennoch ist unser Weihnachtsfest nicht ausgefallen und wir feierten, in all den Jahren erstmalig, mit meinen Eltern in Curitiba und nicht bei den Kaingang-Indiandern.

Mir persönlich ist in dieser Zeit wichtig geworden, dass Gottes Terminplanung uns Menschen gelegentlich sehr unpassend vorkommt.

Als der Engel zu Maria kam und ihr die bevorstehende Schwangerschaft ankündigte, ist ihr sicherlich erst mal ganz anders geworden. Sie und Joseph hatten sich die Vorbereitung auf die Hochzeit und ihre Familiengründung bestimmt ganz anders vorgestellt. Dass beide dennoch zu dieser unpassenden und für sie mit vielen Nachteilen verbundenen Umplanung ein „Ja" fanden, hat für mich etwas mit Gehorsam und Vertrauen zu tun. Was Gott daraus gemacht hat, erleben wir bis heute.

Dies buchstabieren wir nun auch. Wenn Gott Pläne durchkreuzt, die von vornherein nicht gut waren, dann ist das ja verständlich und wir danken ihm sehr schnell dafür. Was ist aber, wenn wir doch nur Gutes im Sinn haben? Wenn das, was wir geplant haben, zum Segen für andere sein sollte und wir damit Gott dienen wollten?

Wir wollen ihm vertrauen, dass er den Überblick hat und uns die Bereitschaft schenkt, diesen Weg zu gehen, der scheinbar viel mehr Nachteile mit sich bringt: für uns und die Menschen, mit denen wir leben und arbeiten. Da Gott aber immer derselbe ist, wissen wir, dass es sein guter Weg mit uns ist und er uns in seiner Barmherzigkeit auch immer wieder mit dem beschenkt, was wir jetzt brauchen.

Die nächste Chemo steht vor der Tür und danach hoffen wir, wieder nach Queimadas fahren zu können.

Queimadas
09. Januar 2008

Wir konnten als Familie wieder nach Queimadas fahren. Es ist einfach schön, zu Hause zu sein. Es geht ihr jeden Tag etwas besser und so hoffen wir, dass die Blutergebnisse morgen so sind, dass die fünfte Chemo gemacht werden kann. Es ist schon immer wieder eine Überwindung, wenn es Christiane gerade wieder mal so einigermaßen gut geht, sich auf die nächste Chemo einzulassen. Jetzt können wir noch mal viel besser verstehen, warum in unserem Reservat in den letzten Monaten zwei Indianer gestorben sind, weil sie und ihre Verwandten sich die Behandlung nicht mehr antun wollten.

Ein Gedanke von Philip Yancey hat uns in den letzten Tagen besonders angesprochen:

„Glauben bedeutet, sich bereits im Voraus auf etwas zu verlassen, was erst im Nachhinein einen Sinn ergibt."

Um diesen Glauben bitten wir ganz konkret und dürfen erleben, dass Gott ihn uns gibt. Nicht im Voraus oder ein für alle Mal, sondern immer wieder neu, jeden Tag und jede Nacht.

Das haben wir besonders zum Jahreswechsel erlebt. Wir gingen gegen 20:00 Uhr zur Kirche, um mit der Gemeinde das neue Jahr zu beginnen. Es war viel vorbereitet und auch geübt worden. Die Kirche war voll und auch viele Gäste, die sonst nicht kommen, waren da. Jeder brachte kleine Geschenke mit, die am Abend „gewichtelt" werden sollten, und auch das Abendessen wurde vorbereitet. Es versprach ein schöner Abend zu werden. Aber kaum waren wir da, als uns die Nachricht erreichte, dass Tobias (ein ehemaliger Gemeindeleiter und Indianermissionar) nach einem erneuten Schlaganfall in Marrecas gestorben war. Da wir die Feierlichkeiten nicht beenden wollten, bevor sie überhaupt angefangen hatten, haben Fernande und Alcides, unsere Gemeindeleiter, beschlossen, zunächst einmal in der Kirche weiterzumachen, das Programm etwas zu kürzen und erst am Ende die Nachricht weiterzugeben. Meine Aufgabe war es, herumzutelefonieren, um aus allen Gemeinden wenigstens einige Vertreter zur Trauerfeier in Marrecas zu haben, denn Tobias war praktisch an dem Bestehen aller Gemeinden direkt beteiligt und über viele Jahre die Referenz für alle neuen Gemeindeleiter.

Wir erlebten ein sehr schönes Fest in der Kirche und ich habe die Tapferkeit von Fernande, Alcides und ihren Ehefrauen bewundert. Obwohl sie ein sehr schweres Herz hatten, haben sie es sich aus Rücksicht auf die Gemeinde nicht anmerken lassen. Erst als alle Geschenke verteilt waren und es zum Essen ging, gaben sie die Nachricht bekannt und es legte sich eine große Traurigkeit über viele.

Wie viele Leiter aus den anderen Gemeinden machte ich mich mit Fernande, Alcides und ihren Frauen anschließend auf den Weg und wir erlebten den Jahreswechsel auf der Straße. Gegen 4:30 in der Früh kamen wir in Marrecas an. Der Trauergottesdienst war garade eine Stunde zuvor zu Ende gegangen. Mein Vater sagte, er war geprägt von der Anerkennung und dem Dank für das Leben von Tobias und der Herausforderung, weiterzumachen.

Nach einem weiteren bewegenden Gottesdienst am Vormittag wurde Tobias gegen 12:00 Uhr begraben.

Damit geht ein wichtiges und gesegnetes Kapitel der Kirchengeschichte unter den Kaingang zu Ende.

Gerade in Situationen, die zunächst keinen Sinn für uns ergeben, wollen wir im neuen Jahr unser Vertrauen ganz auf Gott werfen.

Curitiba 04. Februar 2008

Die Nebenwirkungen der letzten Chemotherapie waren sehr schlimm und wir hatten drei Tage und drei Nächte, die härter waren als je zuvor. Christianes Körper scheint sich bei jedem Mal etwas mehr zu wehren.

Diesmal haben wir gleich am nächsten Tag zu Hause einen Tropf anlegen lassen, der über diese schlimme Zeit etwas hinweggeholfen hat, da Christiane gar nichts zu sich nehmen konnte, im Gegenteil, sie musste sich ständig übergeben. Für mich hieß es, in regelmäßigen Abständen die Schüssel zu leeren, den Tropf zu wechseln und die Vene zu überprüfen. Wir sind immer wieder sehr dankbar, dass wir bei unseren Eltern in der Großstadt Curitiba sein können und ihre Hilfe haben. Am Freitag sind sie mit den Kindern nach Queimadas gefahren. Der Abschied fiel Rebeca und Samuel diesmal nicht leicht, aber für mich und Christiane ist es am besten, wenn wir diese schlimmen Tage alleine sind. Gestern konnte sie schon wieder ein wenig aufstehen, duschen und auch kleine Portionen Tee, Nudeln und Obst zu sich nehmen.

Im Januar hatten wir unseren 13. Hochzeitstag (14.01) und ich bin 40 geworden. Die Feier fiel natürlich anders aus, als wir es uns gewünscht hätten. In der Nacht zu meinem Geburtstag war ich mit Christiane beschäftigt. Gleich am Morgen musste ich mit der Apotheke über einen größeren Betrag für Medikamente verhandeln, und als ich zurückkam, hatten meine Eltern mir einen lieben Tisch mit Kerze vorbereitet und wir saßen zu dritt zusammen und freuten uns über das Wort Gottes, das an diesem Tag in der Losung stand. Es lohnt sich, in diesem Zusammenhang Epheser 3,20-21 zu lesen.

Wir haben ja oft eine feste Vorstellung davon, was das Feiern angeht oder worüber einem zum Feiern zumute ist.

Ich habe an diesem Tag innerlich gefeiert, dass Christinane noch lebt und ich sie pflegen kann. Dass die Behandlung, so unwahrscheinlich es in dem Moment zu sein scheint, anspricht und Christiane gesund wird. Dass Gott spürbar ist und unser inneres Gleichgewicht immer wieder zurechtbringt.

Ein Lied, das mich in den letzten Monaten ständig begleitet, gebraucht ein schönes Bild, das unsere Situation beschreibt: *„Der Feind kann uns eine Blume, aber nie den Frühling nehmen."*

Wir haben das Gefühl, dass er uns zurzeit nicht nur *eine* Blume nimmt, sondern eine ganze Reihe zertritt und zerstört. Und das ist hart und scheinbar sinnlos. Dennoch, es bleiben nur Blumen, die er uns entreißt. Der Frühling, der größere Sinn unseres Lebens, das Leben in sich, das ist uns von Gott gegeben und das kann der Feind uns nicht nehmen.

Daran halten wir uns fest.

Queimadas
18. Februar 2008

Nach zwei Wochen Pause müssen Christiane und ich morgen wieder nach Curitiba fahren.

Wir hatten weiterhin gute Tage, an denen der normale Alltag gelebt werden konnte. Für Rebeca und Samuel hat letzte Woche ein neues Schuljahr begonnen, Christiane hat sich wieder mit den Mitarbeitern der Kinderstunde getroffen, um den nächsten Kindergottesdienst vorzubereiten.

Nun stehen uns wieder schwere Tage in Curitiba bevor, die fünfte von sechs Einheiten.

Wenn es nach unseren Plänen gegangen wäre, säßen wir heute in einem Flugzeug auf dem Weg nach Deutschland. Die nächsten sieben Monate waren zum großen Teil schon mit vielen Begegnungen verplant und wir hatten uns in Gedanken sehr darauf gefreut. Aber nun ist doch alles anders gekommen und wir wissen nicht, wann wir zum Reisedienst nach Deutschland kommen werden.

Dennoch bleiben wir bei unserem Ja zu diesem Weg, den Gott mit uns geht. Ein Ja im Vertrauen darauf, dass er den Überblick hat und keine Fehler macht. Das gibt Halt und trägt durch.

Gestern habe ich am Rio das Cobras über Römer 11.33-36 gepredigt. Eine Predigt für mich:

„Wie unergründlich tief ist Gottes Reichtum, wie tief seine Weisheit und seine Voraussicht! Wie unerforschlich sind seine Gerichtsurteile, wie unbegreiflich seine Führungen! Denn wer hat die Gedanken

des Herrn erkannt, oder wer ist sein Ratgeber gewesen? Wer hat ihm je ein Geschenk gemacht, sodass er etwas fordern könnte? Von Gott kommt alles, durch Gott lebt alles, zu Gott geht alles. Ihm gehört die Herrlichkeit für immer und ewig!"

Diese Worte bekommen eine andere Tiefe, wenn sie nicht lehrhaft weitergegeben werden, sondern konkret umgesetzt werden müssen.

Queimadas
10. März 2008

Während der letzten Chemo habe ich (Christiane) hohen Blutdruck bekommen, der seither, trotz Einnahme eines Medikaments, noch nicht wesentlich gesunken ist. Am Dienstag haben wir unseren nächsten Arzttermin, wo dem genauer nachgegangen werden soll. Wenn alles so weit in Ordnung ist, wird am Mittwoch die nächste Chemo gemacht. Ich bin dankbar für jeden neuen Tag, freue mich über den Besuch der Indianerinnen und genieße die Zeit mit Rebeca und Samuel. Nun hoffen und beten wir, dass die kommende Chemoeinheit wirklich die letzte sein wird, denn wir spüren, wie die Länge der Krankheit an unserem Gemüt und an unseren Kräften zehrt.

Wenn wir nach den zehn anstrengenden und aufreibenden Tagen der Chemoeinheiten in Curitiba wieder nach Hause kommen, wartet hier viel Arbeit auf Ka´egso. Neben Abrechnungen und vielen Gesprächen mit den Indianern und Mitarbeitern stand in der letzten Woche die Maisernte an. Da kam erst der versprochene Mähdrescher nicht, dann fehlte ein LKW, dann ging der Mähdrescher mehrere Male kaputt – aber das Ernteergebnis ist erfreulich ausgefallen und es können weitere Schritte in die Selbstständigkeit der Indianergenossenschaft gegangen werden. Z.B. der Kauf eines eigenen Traktors.

Vom Rio das Cobras erreichte uns dann die Nachricht, dass Sueli, die Frau unseres verantwortlichen Mitarbeiters Armindo, sich einer Unterleibs- und Blasen-OP mit Gewebeentnahme unterziehen muss. Sueli ist neben der täglichen Schulspeisung für die über 150 Indianerkinder auf dem Missionsgelände auch für den ganzen Gästebetrieb und den kleinen Lebensmittelladen der Missionsstation verantwortlich. Sie ist mit ihrem Mann Dreh- und Angelpunkt unser Arbeit am Rio das Cobras. Manchmal fragen wir uns, was wohl noch alles kommen wird, um uns zu entmutigen.

Aber Gott schafft es immer wieder, uns zu ermutigen. So besuchte mich eine Indianerin aus dem Reservat Mococa, die selbst schon schwere Krankheitszeiten hinter sich hat. Sie machte mir Mut, mich immer wieder an Gott zu wenden, und erzählte von der Christengruppe in Mococa, die sehr viel für uns betet. Ein Hauskreis hier in Brasilien sang mir am Telefon ein Lied, in dem es heißt: „Halte dich an Gottes Hand fest und geh ..."

So machen wir uns wieder auf den Weg, den wir nicht alleine gehen müssen.

Queimadas
22. März 2008

Ohne den Tod gäbe es keine Auferstehung!
Ohne das Leid keinen Trost!
Ohne Entmutigung gäbe es keine Ermutigung!
Ohne Krankheit gäbe es keine Heilung!

So platt das vielleicht auch klingen mag, können wir nur bezeugen, dass alles Negative der letzten Monate letztendlich das Gute, das Gott in unser Leben auch hineingelegt hat, noch größer werden ließ.

Nachdem nun die letzte der 12 Chemos mit all ihren schlimmen Nebenwirkungen hinter uns liegt, sind wir seit Donnerstag wieder in Queimadas. Rebeca und Samuel haben uns mit ihren Freunden und Kerstin eine schöne Überraschung mit Luftballons, Plakaten, lieben Briefen und Kuchen gemacht. Auch sie freuen sich, dass diese Zeit nun erst mal vorbei ist und wir als Familie etwas „normaleren" Zeiten entgegenschauen dürfen.

Besonders hilft uns, wenn wir unsere ganze Situation in einem größeren Zusammenhang sehen. Wir wissen, dass viele für uns beten, und diese Gebete haben sich mit denen von Menschen um die ganze Welt herum vereint und uns unbeschreiblich ermutigt, an Gott festzuhalten und ihm immer wieder das Vertrauen auszusprechen. Da sind geistig behinderte Menschen in Taiwan und in der Lobetalarbeit in Deutschland, Christen unter den Bergstämmen im Norden von Thailand, Steppenbewohner in der Mongolei,

Urwaldindianer am Amazonas, Menschen in den Bergen von Peru, in der Hitze des Sudan, in der Schwüle von Burma, in einer Apfelplantage von Neuseeland, flächendeckend in Deutschland, unsere Kainganggemeinden im Süden von Brasilien, Missionare der Marburger Mission und aus der Lebensgemeinschaft Tabor weltweit, ...

Überall wird an uns gedacht, Gott unsere Not geklagt, um inneren Frieden und um Heilung gebetet. Das Vertrauen, das wir haben, der Trost, den wir spüren, unser Ja zu diesem Weg kommt nicht aus uns heraus. Es ist das Eintreten vieler anderer für uns, das uns Kraft von oben schenkt. In dieser Dankbarkeit wollen wir Ostern, das Fest der Auferstehung, mit all den Konsequenzen, die das für den Alltag mit sich bringt, feiern.

Curitiba
24. April 2008

Christiane und ich sind wieder zu Blutuntersuchungen, Röntgen und der monatlichen Knochenaufbautherapie in Curitiba. Der Arzt ist sehr zufrieden mit der Entwicklung und hat nun die wichtige PET-CT-Untersuchung für den 21. Mai angesetzt. Diese moderne CT soll dann zeigen, ob es noch aktive Krebszellen in Christianes Körper gibt.

Dieses Warten fällt nicht gerade leicht, dennoch haben wir ein gutes Gefühl und den inneren Frieden darüber, dass Gott da ist und nicht tatenlos zuschaut.

Nachdem wir Kerstin (unsere große Hilfe in den vergangenen Monaten) letzte Woche verabschieden mussten, hat Christiane wieder angefangen zu kochen und im Haushalt einiges zu machen. Sie freut sich, dass sie das, was sie immer gerne gemacht hat, nun auch wieder tun kann, und es geht ihr sehr gut dabei.

Wir wollen versuchen, wieder wie eine normale Familie zu leben, in der jeder seinen Aufgaben nachkommt. Viele Menschen stehen vor Gott für uns ein und stellen sich mit unter das Leid. Ohne sie hätten wir sicher unendlich mehr gelitten und wären vielleicht sogar daran zerbrochen.

Wir erbitten uns von Gott, dass er uns weiterhin hier bei den Kaingang zum Segen setzt und wir unser Leben unter ihnen weiter gestalten dürfen.

Parallel zu alldem geht unser Leben unter den Kaingang mit all seinen Herausforderungen weiter. Letzten Samstag gab es das große Indianerfest in Queimadas, anlässlich des nationalen Indianertages am 19.04. Morgen fahre ich mit meinem Vater und einigen Dorfleitern aus Queimadas zum Rio das Cobras zu ihrem Fest, an dem auch der Gouverneur von Paraná zur Einweihung der neuen Schule und der Häuser erwartet wird. Auch unsere Ernte im Indianerreservat Queimadas konnten wir mit einem sehr erfreulichen Ergebnis beenden. Nun wird das Land für die Wintersaat (Hafer und Weizen) vorbereitet. Auch der Erwerb eines eigenen Traktors mit selbst erwirtschafteten Mitteln im Namen der Indianergenossenschaft ist ein großer Schritt in der Geschichte der Indianer. Das nächste große Gemeindefest ist für den 04.05. in Marrecas geplant, an dem der Geburtstag der Kirche und eine Taufe gefeiert werden soll. Zu diesem Fest wollen wir als Familie fahren und die Indianergeschwister freuen sich schon sehr darauf, Christiane wiederzusehen, denn auch sie haben in den letzten Monaten Christiane nur durch das Gebet begleiten können.

Queimadas 07. Mai 2008

Nachdem Rebeca und Samuel für die Schule fertig sind und auf den Bus warten, möchte ich die Zeit noch nutzen, um eine kleine Zwischenmeldung zu Sueli, der Frau unseres Mitarbeiters am Rio das Cobras, zu schreiben.

Es war eine komplexere OP, als der Arzt zuerst gedacht hatte, und er musste Eierstock und Gebärmutter komplett entfernen. Nun konnten am vergangenen Montag schon die Fäden gezogen werden und der Arzt ist mit der Entwicklung bisher sehr zufrieden. Für Sueli ist es jedoch nicht leicht, denn sie fühlt sich noch gar nicht fit und möchte gerne alles etwas schneller. Warten und dabei nichts tun zu können ist ihre größte Herausforderung. Erst wenn die Ergebnisse der Gewebeproben da sind, können weitere Behandlungen festgelegt werden. Vielen Dank für alles Mittragen dieser nicht leichten Situation am Rio das Cobras!

Herzlichen Dank auch für alles Beten für das vergangene Gemeindefest in Marrecas. Es liegt etwa 300 km von Queimadas entfernt, davon sind knapp 30 km Erdstraße. Es ist die jüngste der Kainganggemeinden und hatte auch einen schweren Anfang unter Verfolgung. Jetzt feierte die Gemeinde ihr vierjähriges Bestehen unter ihrem eigenen Dach mit vielen Gästen, Musik, Taufe und Gottes Wort.

Busse mit Gemeindeleuten vom Rio das Cobras und Faxinal sind schon am Samstag angereist und wir haben uns als Familie und mit Vertretern der Gemeinde in Queimadas am Sonntag um fünf Uhr auf den Weg gemacht.

Der Gottesdienst musste im Freien stattfinden, weil wir nicht alle in die Kirche gepasst hätten. Der Himmel war sehr bewölkt, aber es hat erst am Nachmittag, als wir uns wieder auf den Weg nach Hause machten, angefangen etwas zu nieseln. Alles Zeichen, dass Gott seine Hand über seine Kinder hält. Die einzelnen Choreografiegruppen hatten alle ihre T-Shirts an und jede hatte ihren Auftritt. Zwischendurch gab es Zeugnisse und Kurzbotschaften. Sehr bewegend war Christianes Dank an die Gemeinde, die sie in den letzten Monaten auch ganz treu im Gebet begleitet hatte. Nun konnten alle sehen, dass es Christiane besser ging, und es wurde Gott dafür gedankt.

Parallel zum Gottesdienst, wurde das Essen vorbereitet. Als Zugabe zu Reis, Bohnen, Nudeln und Salat gab es Rind, Schaf, Schwein und Hühnerfleisch am Spieß. Gegen 13:00 Uhr gingen wir alle zur Taufstelle am Fluss, wo die jungen Christen bezeugten, dass sie den Weg mit Jesus gehen wollen.

Kurz nach zwei Uhr gab es dann das Mittagessen und viele Gespräche untereinander.

Als wir nach einer mühsamen Fahrt ohne Stoßdämpfer gegen 20:00 Uhr sicher in Queimadas ankamen, waren wir wieder ganz neu mit der Dankbarkeit erfüllt, in solch einer Arbeit stehen zu können und dass

Gottes Wort nicht ohne Wirkung bleibt. Er ist würdig, unter allen Umständen gelobt zu werden.

Curitiba
22. Mai 2008

Die Ergebnisse der PET-CT-Untersuchung und das Gespräch gestern mit dem Arzt haben uns gezeigt, dass wir viel Grund zum Danken haben, denn die Leber und die Lymphknoten sind frei, das Volumen und die Funktionsfähigkeit der betroffenen Lunge ist sehr gut und die Krebszellenaktivität in Knochen und Lunge ist so sehr zurückgegangen, dass Christiane in den letzten Wochen zu Hause ihren Aufgaben zum großen Teil nachgehen konnte und es ihr, von ihrem Wohlempfinden her, jeden Tag besser ging. Darüber freuen wir uns und sind Gott unendlich dankbar dafür.

Was uns jedoch gestern zwar nicht unerwartet, aber doch schmerzlich bewusst wurde, ist die Tatsache, dass wir es noch nicht überstanden haben, beziehungsweise, es aus medizinischer Sicht auch nicht überstehen werden. Der Arzt sagte, dass die Krebszellenaktivität in der Lunge in der Regel nicht geheilt werden kann. Jetzt geht es darum zu überlegen, wie die durch die Chemo zurückgewonnene Lebensqualität erhalten werden kann.

Der Wunsch und die Hoffnung, dass Christiane durch die Chemo nun geheilt ist und wir uns auf eine kontinuierliche Besserung einstellen können, ist uns so nicht geschenkt worden. Das bringt so einiges in uns durcheinander. Letzten Sonntag habe ich über Psalm 23 gepredigt. Was uns in den letzten Monaten begleitet und uns auch weiter begleiten wird, ist die Tatsache, dass Gott weiß, was wir brauchen, und er es uns daran nicht mangeln lassen wird. Das haben wir bisher erlebt und werden es auch weitererleben. Das andere ist sein Trost, den er uns direkt durch sein Wort, aber auch durch gute Freunde zukommen lässt. Wichtig für uns ist, dass der Trost uns nicht in erster Linie den Schmerz, die Ängste oder die Müdigkeit nimmt, sondern dass er uns davor bewahrt zu verzweifeln, den Mut, die Hoffnung oder das Vertrauen zu verlieren. Getröstete Menschen haben trotz Schmerzen, Ängsten oder Müdigkeit einen inneren Frieden. Das haben wir erlebt und wünschen ihn uns weiterhin, denn wir glauben nach wie vor, dass Gott unser guter Hirte ist und er es uns an nichts mangeln lassen wird.

Den Weg, den Gott uns gehen läst, verstehen wir gerade nicht und wir haben ihn uns auch nicht gewünscht, aber im Vertrauen auf ihn nehmen wir ihn an.

Queimadas
20. Juni 2008

Auf meiner letzten Reise zu den Kaingangreservaten habe ich mal wieder einen besonderen Ort aufgesucht: einen Berg, von dem ich weit über das Land sehen kann, auf dem ich tief durchatmen, weinen, mich sammeln und beten kann. Wie sehr wünschte ich mir, dass unser jetziger Lebensweg bald an solch einer Stelle vorbeikäme. Wo ich nicht nur den Blick in den Himmel hätte, den hat man nämlich von fast überall, sondern auch einen besseren Ausblick auf die nächsten Schritte. Die Gewissheit, an Gottes Hand zu sein, und das Vertrauen auf seine Allmacht ist nach wie vor unser Trost. Aber die Ungewissheit und schwierige Entscheidungen werden uns nicht abgenommen und wir sind herausgefordert, unsere Gedanken im Zaum zu halten, um ihnen bewusst eine Richtung auf wesentliche Wahrheiten zu geben. Römer 8 ist so ein Kapitel, das uns eine gute Richtung gibt, und zwar nicht nur der bekannte Vers 28, sondern auch die Verse davor. Auch der Kontext des Vaterunsers gibt eine sehr gute Richtung vor, wenn es ums Beten und Bitten geht.

Eine Zeit mit sehr gemischten Gefühlen liegt hinter uns. Wir freuen uns sehr, dass es Christiane weiterhin gut geht und auch die Blutergebnisse gut ausgefallen sind. Wir sind sehr dankbar, dass wir als Familie so etwas wie „normalen" Alltag leben können. Gott hat uns konkret durch Bibelstellen und Lieder getröstet und aufgemuntert. Das ist nicht selbstverständlich und wir möchten ihm immer wieder Danke dafür sagen.

Das ist die eine Seite unseres Lebens und auch die Grundstimmung, mit der wir in jeden Tag neu hineingehen.

Die andere Seite ist unser Wunsch nach Gewissheit, die Suche nach dem Machbaren, die Frage nach dem Sinn, die Hoffnung auf Heilung.

So leben wir in dieser Mischung von Gefühlen unseren abwechslungsreichen und herausfordernden Alltag in der Kaingangarbeit.

Queimadas
02. August 2008

Am Donnerstag kamen wir aus unserem kurzen, aber sehr schönen Familienurlaub zurück. Es tat richtig gut, nach all den schweren Monaten die Gedanken und Gefühle zu ordnen, ohne immer wieder von Alltäglichem unterbrochen zu werden.

Als einen besonderen Höhepunkt hatten wir einen Tag in Brasiliens größtem Freizeitpark eingeplant. Es war ein sehr schöner Tag für uns alle, auch wenn sich das Extremste für Christiane auf „Dumbofahren" beschränken musste.

Wegen der betroffenen Knochen sollen Erschütterungen und körperliche Belastungen vermieden werden. Aber sie war sehr tapfer und freute sich von unten mit, wenn es für Rebeca, Samuel und mich auf der Achterbahn oder dem Freefalltower hoch und runter ging.

Dieses Bild, dass Christiane bei vielem nur Zuschauer ist und sie in ihren Möglichkeiten sehr begrenzt ist, beschränkt sich leider nicht nur auf den Tag im Freizeitpark, sondern zieht sich auch durch viele andere Bereiche unseres Lebens und wir sind erstaunt und dankbar zugleich, dass Gott uns trotzdem unsere Freude am Leben und dem, was wir haben, erhalten hat.

Vor dem Urlaub waren wir wieder in Curitiba zur Knochenaufbautherapie. Leider ist beim letzten Röntgenbild nun ein kleiner Knoten in der linken (bisher gesunden) Lungenhälfte sichtbar geworden. Da er jedoch nicht eindeutig genug ist, wissen wir noch nicht, was als Nächstes getan werden sollte, und müssen abwarten bis zur nächsten Untersuchung. Christianes Allgemeinbefinden ist zwar zurzeit recht gut, sie hat jedoch unregelmäßig häufiger werdende Schmerzen im Rücken. Das alles erweckt in ihr den Eindruck, dass es nicht besser wird, sondern scheinbar immer wieder etwas, zwar Leichtes, aber Neues dazukommt, was sie sehr empfindsam wahrnimmt. So ringen wir jeden Tag neu um Vertrauen und Trost und bitten Gott ganz konkret, dass er uns hilft, unsere Gedanken so zu ordnen, dass wir nicht in einen zerstörerischen Kreislauf kommen.

Queimadas 16. August 2008

Auch wenn es draußen noch dunkel ist und ich in dieser Nacht nicht viel geschlafen habe, zwitschern die Vögel schon in den Bäumen und die Sonne wird auch an diesem Tag wieder scheinen. Dies gilt für uns nicht nur im wörtlichen, sondern auch im übertragenen Sinn.

Christiane hatte in den letzten Wochen das Gefühl, dass mit ihrer Sprache und mit ihrer rechten Hand etwas nicht in Ordnung ist. Auch nicht immer zu lokalisierende Schmerzen und leichte Schwindelgefühle waren beunruhigend.

Da die Blutergebnisse, der Blutdruck und auch das neue Röntgenbild der Lunge sehr gut waren und keine

Verschlechterung zeigten, wurde von Christianes Kopf ein MRT gemacht. Bei aller Freude über die bisherige Entwicklung und die mutmachenden Bemerkungen unseres Hausarztes und des Lungenspezialisten, war das Ergebnis des MRT niederschmetternd. Christiane hat 18 Metastasen im Kopf. Der Befund ist für die Ärzte so eindeutig, dass es für die nächsten Schritte scheinbar nicht viel zu entscheiden gibt und wir ab Montag in Curitiba mit der Bestrahlung des ganzen Kopfes beginnen sollen. Das bedeutet, dass meine Eltern für die nächsten Wochen nach Queimadas zu Rebeca und Samuel ziehen und Christiane und ich hoffentlich an den Wochenenden nach Hause kommen können.

Hier in Brasilien haben wir den großen Vorteil, einen persönlichen Arzt zu haben, der den Patienten begleitet und jederzeit angerufen werden kann. So versuchte ich z.B. gestern Abend mit Dr. Jonny, unserem Arzt, über den Befund und die nächsten Schritte zu sprechen, und er rief mich gegen 23:00 Uhr zurück. Auch die Krankenschwestern haben eine ganz liebe und kompetente Art, sodass wir weiterhin ein gutes Gefühl haben, die Behandlung hier in Brasilien zu machen.

Nun ist es äußerlich hier in Queimadas hell geworden und ein neuer Tag beginnt, den wir, wie alle anderen, im Vertrauen zu Gott aus seiner Hand nehmen wollen. Innerlich ist das Anbrechen eines neuen Tages nicht immer so voraussehbar wie in der Natur, aber wir halten uns fest an dem „Gezwitscher", das wir auch im Dunkel weiterhin hören!

Uns tröstet das Wissen, dass wir ganz vielen Menschen nicht egal sind und sie mit uns leiden und uns dadurch zeigen, wie wertvoll wir ihnen sind.

- dass wir Eltern haben, die uns so tatkräftig zur Seite stehen können und wollen.

- dass es Musik gibt, die uns aus dem Herzen spricht.
- das Bibelwort, das heute in der Losung zu finden ist:
  „Gott sagt: Was ich beschlossen habe, geschieht, und alles, was ich mir vorgenommen habe, das tue ich.“ Jesaja 46,10

Queimadas
23. August 2008

Die Vorstellung, dass der Kopf, den ich streichle oder an meine Brust drücke, von Krebszellen befallen und bedrängt wird, ist gnadenlos, unbarmherzig und möchte mich gefangen nehmen, entmutigen und mir den Atem nehmen. Dennoch.

Unsere Ärztin hat sehr zügig alles in die Wege geleitet, sodass Christiane inzwischen mit der Bestrahlung beginnen konnte. Sehr entgegenkommend finde ich, dass ich bis in den Bestrahlungsraum mitgehen und Christiane die Hand halten kann, bis alle Einstellungen gemacht sind. Dann muss ich zwar auch raus, kann sie aber im Kontrollzimmer über Kamera beobachten. Erst mal sollen 15 Bestrahlungseinheiten über den ganzen Kopf durchgeführt werden. Danach wird sich zeigen, ob an bestimmten Stellen noch mal gezielt bestrahlt werden muss.

Am Wochenende konnten wir nach Queimadas fahren und müssen am nächsten Montagnachmittag wieder in Curitiba sein. Meine Eltern können auch weiterhin in Queimadas bei Rebeca und Samuel bleiben. Die Nebenwirkungen sind, verglichen mit der Chemo, bisher wesentlich erträglicher. Christiane spürt zwar Schwindel und eine allgemeine Mattheit, hat aber zurzeit keine Schmerzen. Parallel nimmt sie auch Kortison, um die schlimmeren Nebenwirkungen der Endeme (z.Z. Sprachschwierigkeiten und Fingerzittern) zu verringern.

Wir erhalten viele Mails, in denen Liebe, Betroffenheit, Hilflosigkeit, Ratschläge, Ermutigung und Verbundenheit zum Ausdruck gebracht werden. Wenn man den Tag über in der Gefahr steht, sich mit unguten Gedanken zu beschäftigen, ist ein Mail etwas sehr Schönes und Hilfreiches. Der große Vorteil von Mails ist, dass wir sie lesen können, wenn es uns danach ist, wir können sie öfters lesen und wir müssen nicht sofort darauf reagieren. Es berührt uns immer wieder zu sehen, dass andere mit uns mitleiden und sich auch darüber Gedanken machen, wie man all das Unverständliche verarbeiten kann. So wird z.B. in einer Gemeinde zum Fasten und Beten eingeladen, oder es nimmt uns einer ganz bewusst mit zum Segeln, oder jemand widmet uns einen Halbmarathon. All das zeigt eine Verbundenheit, die unser Leben in einen sehr weiten Raum stellt, in dem wir durchatmen können. Und diese Realität hilft uns auch, Christianes Diagnose zu verarbeiten und uns nicht so einengen zu lassen, dass uns der Atem genommen wird.

Wir wissen, dass wir nicht alleine und auch nicht die Einzigen sind, die auf einem schweren Weg getragen und getröstet werden.

Queimadas 11. September2008

Nun hatte Christiane die letzte von 15 Bestrahlungseinheiten, es folgten noch die üblichen Routineuntersuchungen, wie Röntgen, und dann konnten wir wieder nach Queimadas fahren.

Jetzt müssen wir bis Anfang November warten, um dann die Auswirkungen der Strahlentherapie beurteilen zu können.

Noch wirken die Medikamente und Strahlen nach, sodass es wieder eine Zeit des Wartens sein wird. Wir halten an unserem Wunsch, im Dezember nach Deutschland kommen zu können, fest. Christiane hat die Behandlung im Großen und Ganzen ganz gut verkraftet. Aus den Fragen der Ärztin konnten wir heraushören, was noch alles an Nebenwirkungen hätte auftreten können.

Wenn einem das Leben so aus den Händen zu gleiten scheint, kommen wir nicht umhin, uns Gedanken zu machen, was uns letztendlich trägt. Bei allem, was ja nur sehr persönlich erlebt werden kann, möchte ich jedoch trotzdem versuchen, einige unserer Gedanken zu formulieren:

Wir halten fest an einem allmächtigen, gegenwärtigen, persönlichen, liebenden und ewigen Gott!

Was bliebe uns, wenn wir uns nicht mehr daran festhalten würden? Wäre es hilfreicher zu glauben, dass es einen solchen Gott nicht gibt? Welchen Vorteil hätte es, ihm das Vertrauen abzusprechen?

Das „Risiko", sich jetzt an einem solchen Gott festzuhalten, sich heute von ihm durchgetragen zu fühlen, um vielleicht später, wenn dann ja sowieso alles vorbei sein sollte, enttäuscht zu werden, ist unserer Ansicht nach wesentlich vernünftiger, als sich heute schon in Verzweiflung, Anklage und Hoffnungslosigkeit fallen zu lassen, um dann später vielleicht zu merken, dass es doch einen Gott gab, der sich angeboten hat, uns zu halten, zu trösten und uns ans Ziel zu bringen.

Bilder und Fotos spielen in unserem Leben eine wichtige Rolle. Sie sagen oft mehr aus als viele Worte und stehen oft für etwas Größeres. Wir würden uns sehr über persönliche Fotos (gern auch Familien- oder Gruppenfotos) freuen. Im digitalen Zeitalter ist das heute ja machbar. Auf diese Weise hätten wir unsere Freunde und Unterstützer konkret vor Augen, denn sehr viele haben wir schon seit Jahren nicht mehr oder noch nie gesehen. Vielleicht wäre ja Christianes 40. Geburtstag am 22. September ein guter Anlass, ihr dieses Geschenk zu machen.

Queimadas
24. September 2008

Es sind bisher knapp 200 Bilder bei uns eingegangen, auf denen wir über 850 sehr unterschiedliche Gesichter aus aller Welt vor Augen haben, eine erstaunliche Reaktion auf Christianes Geburtstag. Dadurch wurde dieser Tag zu einem sehr besonderen und schönen 40. Geburtstag!

Ich persönlich habe mich in den letzten Tagen auseinanderzusetzen mit den Gefühlen der Erschöpfung, dem Wunsch, wieder mal durchschlafen zu können, den Entbehrungen, der Traurigkeit über den erlittenen Verlust bei der Erinnerung an die schönen und unbeschwerten Zeiten, der Last der Verantwortung für das Gleichgewicht, die Ruhe und die Logistik der Familie, das Zurückstecken vieler kleiner persönlicher Wünsche. Das alles sind Gefühle, die wohl so aufkommen möchten, wenn man nicht viel mehr machen kann, als die Menge der kleinen Lasten des Alltags immer wieder zu tragen und die weitere Entwicklung und Ergebnisse erst mal abzuwarten. Das Ringen um eine gesunde Einstellung zu diesen Gefühlen fordert mich zurzeit sehr heraus. Da hilft es mir zu wissen, dass viele ganz konkret auch dafür beten. In dieser Zeit reifen so einige Überzeugungen, die ich ja schon im letzten Brief angedeutet hatte. Sie sind die Basis, auf die wir immer wieder zurückkommen wollen, wenn das Gleichgewicht unserer Gefühle und Gedanken aus den Fugen geraten möchte. Hier zwei weitere Gedanken:

Wir halten fest an einem allmächtigen, gegenwärtigen, persönlichen, liebenden und ewigen Gott!

Allmächtig heißt für uns, dass er alles kann!

Wir beobachten jedoch, dass wir Menschen oft in der Gefahr stehen, Gottes Allmacht nur im Zusammenhang mit unseren eigenen Wünschen und im Rahmen unserer Vorstellungen zu sehen. Wenn er unsere Gebete (Wünsche) erfüllt, dann geben wir ihm die Ehre und bezeugen seine Allmacht. Wenn unsere Gebete (Wünsche) nicht in Erfüllung gehen, dann kommen grundsätzlich Fragen auf. Habe ich nicht richtig oder zu wenig gebetet?

Habe ich nicht genug geglaubt? Sollte ich vielleicht in eine andere Gemeinde gehen oder einen „Beter" aufsuchen? Eine Unruhe des Zweifels macht sich breit und wir laufen Gefahr, jedes „Angebot" ausprobieren zu müssen oder an unserem Glauben zu resignieren.

Wir möchten Gott, der alle Zusammenhänge unseres Lebens kennt, immer wieder unser Vertrauen in seine uneingeschränkte Allmacht aussprechen und ihm das Recht und die Freiheit geben, in unser Leben so einzugreifen, wie und wann er es für nötig, wichtig und gut für uns findet. Wir möchten Gottes Allmacht nicht auf die Erfüllung unserer Wünsche beschränken, sondern halten daran fest, dass er weiß, was er an uns tut, und dass er keine Fehler macht. Das macht uns ruhig.

Gegenwärtig heißt für uns, dass er in unserer Nähe ist!

Kein ferner Gott, den wir für alles, was uns in dieser Welt und in unserem Leben nicht gefällt, als Sündenbock verantwortlich machen, als Frustventil anklagen oder benutzen können. Kein Gott, den wir in der Ferne suchen oder anschreien müssen. Er ist so gegenwärtig wie all die Schmerzen, die Trauer, die Ungewissheit und alles Negative, das wir durchleben. Oft laufen wir jedoch Gefahr, eine Realität gegen die andere auszuspielen. Dadurch entstehen zwei Extreme. Entweder wird alles nur „vergeistlicht" und Gefühle und Gedanken mit gängigen Bibelworten abgedrängt oder zugeschüttet. Oder man resigniert und sieht nur noch das Negative und findet nirgends mehr Trost. Nur wenn wir beiden Realitäten ganz bewusst ins Auge sehen und uns damit auseinandersetzen, können sich das so erwünschte Gleichgewicht und der Friede einstellen, der oft nicht zu erklären ist. Das ist ein tägliches Ringen, dem wir uns stellen möchten.

Wir wollen Gott, der auch mitten in unserem Leben ist, unsere Gewissheit seiner Gegenwart immer wieder aussprechen, auch wenn uns seine Gedanken und sein Handeln gelegentlich sehr verborgen scheinen oder sehr schwer nachvollziehbar.

Im Gegensatz zu meinen inneren Auseinandersetzungen hat Christiane das unbeschreibliche und unerklärliche Gefühl, wir hätten es überstanden. „Ich habe das Gefühl, es ist vorbei, ich bin gesund!", sagte sie mir, und bisher nur mir, in den letzten Tagen öfters. „Ich kann es nicht erklären, aber ich glaube, Gott schenkt mir das zum Geburtstag!" Kaltblütern, wie ich einer bin, fällt es jedoch nicht so leicht, sich einfach davon so anstecken zu lassen. Gerne würde ich es unbeschwert so glauben und annehmen, doch das, was ich noch von der Krankheit sehe und erlebe, hält mich zurück. Ich vertraue Gott, dass er gegenwärtig ist und es gut macht, aber vielleicht ist es auch nur der Versuch, mich vor der Enttäuschung zu schützen, dass wir doch noch einen langen und schweren Weg vor uns haben.

Queimadas
30. September 2008

Wenn sich unser Lebensraum plötzlich wieder auf die vier Wände eines Krankenhauszimmers beschränkt, bekommt der Bildschirm meines Notebooks eine Dimension, die sich vielleicht nicht jeder vorstellen kann.

Er wird zu einem Fenster, zu dem jeder unserer Freunde hereinschaut, uns zulächelt, tröstet und Mut macht. Dank der Geburtstagsgeschenke (mittlerweile schon knapp 1.100 Menschen), die ich alle in einem Bildordner abgespeichert habe und als Diashow ablaufen lassen kann, hatten wir in den letzten Tagen vielen lieben Besuch, ohne dass es anstrengend wurde. Das war wunderbar.

Am letzten Donnerstag sind wir als Familie nach Londrina gefahren, um unsere brasilianischen Pässe zu beantragen. Als Belohnung gingen wir danach in ein Einkaufszentrum, um ein Eis zu essen. Gegen Abend begann Christiane uns davon überzeugen zu wollen, dass sie geheilt ist. Es folgten starke Halluzinationen und ein so erschreckendes Benehmen, dass ich sie mit Gewalt ins Auto bringen musste und unseren Arzt anrief. In der Notaufnahme konnte Christiane so weit beruhigt werden, dass eine CT des Kopfes gemacht werden konnte und der Neurologe sie für die Fahrt nach Curitiba freigab.

So fuhr ich noch in der Nacht die 400 km nach Curitiba und konnte sie am Freitagfrüh in *unserem* onkologischen Krankenhaus einliefern. Das MRT des

Kopfes hat uns zunächst beruhigt, da nichts Neues aufgezeigt wurde. Auch keine Blutungen in den behandelten Knoten oder sonstige Entzündungen. Der Arzt erhöhte die Dosis von Kortison, um den Druck im Kopf zu nehmen, sodass Christiane nach einem für uns sehr schlimmen Tag mit vielen Tränen und schlimmen Wahnvorstellungen sowie Sich-an-mich-Klammern am Samstag wieder wie ausgewechselt aufwachte. Am Sonntagnachmittag wurden wir entlassen und fuhren wieder nach Queimadas, wo wir nun die Wirkung der Medikamente beobachten müssen.

Das Ganze war eine sehr schlimme Erfahrung. Christiane war in ihrem Wesen nicht mehr wiederzuerkennen. Sie sah den Himmel, sie rief nach Jesus, wollte die ganze Welt retten, wurde im Auto handgreiflich und beschimpfte die Pfleger und mich, wenn wir in ihrem Wahn nicht mitmachten. Auch für die Kinder war es sehr schlimm, aber sie haben tapfer stundenlang in einer fremden Stadt im Dunkeln im Auto gesessen und geduldig gewartet.

Nun beginnt für uns eine nicht leichte Zeit, die Wirkung der Medikamente zu beobachten und abzuschätzen, ob das Kortison und die Beruhigungsmittel richtig dosiert sind. Schmerzen sind leichter zu messen und es ist auch einfacher darüber zu sprechen. Wenn es aber um Wesensveränderung geht, dann wird es sehr heikel, denn keiner von uns möchte, dass sich eine solche Krise wiederholt. Wir möchten aber auch nicht, dass Christiane sich nun so unsicher fühlt, dass sie ihre Wünsche, Pläne und Gefühle zurückhält. So bitten wir Gott, dass er in seiner Allmacht und mit seiner Gegenwart uns immer wieder ganz persönlich durchträgt, Weisheit gibt und uns dicht bei sich hält.

Wir halten fest an einem allmächtigen, gegenwärtigen, persönlichen, liebenden und ewigen Gott!

Allmächtig heißt für uns, dass er alles kann!

Gegenwärtig heißt für uns, dass er in unserer Nähe ist!

Persönlich heißt für uns, dass er Beziehung mit uns gestalten möchte!

Kein strenger und neutraler Wächter, der uns nur beobachtet und darauf achtet, dass wir ja nichts Falsches machen. Keine abstrakte Macht, über die wir verfügen können, wenn wir nur das richtige Ritual durchführen. Keine Idee, über die wir theoretisch philosophieren oder akademisch diskutieren können.

Wenn Gott Beziehung gestaltet, bedeutet das etwas Dynamisches. Etwas Lebendiges, das mit Vernunft und Gefühl zu tun hat. Etwas Konkretes, das auf Entscheidung und Vertrauen beruht. Gott beschenkt uns, indem er uns seinen Namen sagt, mit dem wir ihn ansprechen dürfen. Er bietet uns sozusagen das Du an und lässt sich auf eine Beziehung mit uns ein. Es lässt ihn nicht kalt, wenn Menschen leiden. Er leidet mit, wenn wir an unsere Grenzen kommen, und macht uns Mut, bis zum Ziel bei ihm zu bleiben.

Wir möchten Gott, der uns die Möglichkeit der Beziehung zu ihm anbietet, unser uneingeschränktes Vertrauen schenken, dass er den Weg unseres Lebens nicht als Unbeteiligter an unserer Seite mitgeht.

Queimadas 23. Oktober 2008

Auf die ernst gemeinte und mitfühlende Frage: „Wie geht es Christiane?“, oder „Wie geht es euch?“, kann ich oft nur mit einem sehr ehrlichen „Ich weiß es nicht!“ antworten. So ungewöhnlich und unbefriedigend diese Antwort auch ist, sie trifft zurzeit am besten unsere Situation. Gerne würde ich sagen, dass es uns gut oder besser geht, aber da sind die letzten Wochen mit den Untersuchungen, den Einweisungen ins Krankenhaus, den Bluttransfusionen, den unerklärlichen und unberechenbaren Schmerzen am Bein, der schmerzhaften Empfindlichkeit der Haut, der schnellen Erschöpfung bei den normalen Wegen im Haus, den Spritzen, den Medikamenten und dem Warten auf die Ergebnisse Anfang November. Das alles zehrt an unseren Kräften und will uns entmutigen.

Anderseits kann ich aber auch nicht sagen, dass es uns schlecht geht, denn wir erleben immer wieder vieles, worüber wir uns nur freuen und wofür wir dankbar sein können.

So konnten wir vor zwei Wochen ein großes Gemeindefest in Apucaraninha miterleben. Vorher spürten wir zwar, dass es Mächte gibt, die uns hindern und entmutigen wollen, Gemeinschaft zu erleben, die von Hoffnung und Freude geprägt ist. Christiane hatte nämlich in der Nacht davor sehr starke Schmerzen und auch wenn wir kaum geschlafen haben, sind wir am Sonntag doch hingefahren und haben gespürt, dass Gott größer war als die Not.

Am letzten Wochenende hatten die Kinder hier in Queimadas eine kleine Kinderfreizeit mit viel Spaß, Spiel, Geschichten und einem gemeinsamen Mittagessen im Freien. Auch die gelungene Ernte des Weizens hier in Queimadas oder die Entwicklung der Arbeit am Rio das Cobras sind sehr zum Freuen. Oder die täglichen Zeichen der Zuwendung, Anteilnahme und Hilfe, die wir konkret vor Ort oder über Tausende von Kilometern durch E-Mail, Päckchen und Bilder (mit mittlerweile über 1.300 freundlichen Gesichtern) erleben dürfen, sind immer wieder Grund zum Freuen und machen uns viel Mut.

Mir persönlich macht in dieser ganzen Spannung der Gefühle eines besonders zu schaffen: Ich bin ein Mensch, der immer gerne weiß, woran er ist, um sich auf die jeweiligen Situation einstellen zu können. So auch jetzt. Wenn ich wüsste, dass das alles, was wir erleben, eine Lebensphase ist, die wir einfach nur durchstehen müssen, dann würde ich Gott um Kraft und Geduld bitten, um durchzuhalten, und mich schon auf das Danach freuen. Wenn es aber nicht nur eine Phase sein sollte, sondern unsere 13 gemeinsamen Jahre, die bisher so schön, bunt und abwechslungsreich waren, nun in dieser Art zu Ende gehen sollten, müssten meine Bitten an Gott anders sein und der Schmerz und die Verarbeitung des Verlustes wäre nicht einfach. Da wir es aber nicht wissen, müssen wir mit beiden Möglichkeiten rechnen und in diesem Zwiespalt jeden Tag neu leben und beten. Ich weiß zwar, was ich mir für mich wünsche, aber ist das auch das Beste für Christiane? Das kostet mich Kraft und treibt mich nur noch weiter in die Überzeugung, dass ich Gott die Verantwortung für unser Leben abgebe, denn ich weiß nicht, was gut oder besser für uns ist.

Gott ist ein liebender Mensch, der sich dafür entschieden hat, uns nicht loszulassen!

Was wäre, wenn Liebe von äußerer Schönheit oder lustvollen Gefühlen abhängig wäre? Was wäre, wenn Liebe auf das eigene Wohlergehen oder den eigenen Nutzen bedacht wäre? Was wäre, wenn Liebe sich auf Entsprechung oder Verdienst gründen würde? Dann stünde eine Beziehung auf sehr zerbrechlichen Füßen, denn Äußerlichkeiten verändern sich. Eigene Wünsche und Bedürfnisse müssen manchmal zurückgestellt werden. Und es gibt Zeiten, in denen die Liebe nicht in gleicher Weise erwidert werden kann. Was bleibt dann noch übrig? Eine Entscheidung. Eine bedingungslose, selbstlose und verantwortliche Entscheidung für den anderen. Das Einhalten eines Versprechens, weil der andere einem so wertvoll ist, dass man ihn nicht loslässt, dass man an seiner Seite bleibt, egal was kommen mag.

So geht Gott mit uns um. Das ist sein Angebot und Versprechen an uns, wenn wir uns auf eine persönliche Beziehung mit ihm einlassen. Und aus dieser Erfahrung heraus können wir auch unsere menschlichen Beziehungen gestalten, besonders unserem Lebenspartner gegenüber, dem wir unser Versprechen für gute und schlechte Zeiten gegeben haben. Wir verstehen, dass Liebe zu Gottes ureigenstem Wesen gehört und wir ihn daher nicht anflehen müssen, liebevoll mit uns umzugehen. Er tut es, weil er so ist und weil er es möchte. Gott ist für uns kein Gott der Opfer, der Gegenleistungen oder des Verhandelns, sondern ein Gott des Vertrauens. Wie sich diese Liebe in unserem Leben gestaltet, können wir nicht immer nachvollziehen oder verstehen, aber wir können ihm vertrauen.

Wir möchten Gott, der uns gegenüber absolut treu ist, unser Vertrauen aussprechen, dass uns nichts von seiner Liebe zu uns trennen oder aus seiner Hand reißen kann.

Curitiba
04. November 2008

Ein langer Tag liegt hinter uns, und auch wenn es mir sehr schwerfällt und ich am liebsten gar nichts sagen würde, möchte ich dennoch kurz schreiben, mit welchen Gedanken wir uns jetzt beschäftigen müssen.

Nachdem sich Christianes Allgemeinzustand (Schwachheit und undefinierbare Schmerzen am Bein und Schulter) und ihre Blutwerte in der letzten Woche wieder extrem verschlechtert hatten und ich mit ihr nach Curitiba zu einer erneuten Bluttransfusion fahren musste, wurden gestern ein Ultraschall der Leber und ein MRT des Kopfes gemacht. Ich durfte Christiane in allen Untersuchungen begleiten und ihre Hand halten. Sie auf diesen Wegen begleiten zu dürfen, ist mir ein Geschenk (auch wenn es ein sehr schweres ist) und ich bin sehr dankbar für alle Menschlichkeit, die wir hier in den Kliniken erleben dürfen.

Im Kopf haben sich die Tumore nicht weiter ausgebreitet, aber bei dem Ultraschall der Leber wurde sichtbar, dass nun die Leber ganz mit Metastasen befallen ist. Nun hatten wir ein langes und ausführliches Gespräch mit unseren Ärzten und es zeigen sich für uns zwei Wege: eine erneute Chemo, mit allen Nebenwirkungen, bei einem schon so geschwächten Körper oder sich auf den Abschied von Christiane so gut wie nur möglich vorzubereiten.

So weit ganz kurz.

Wir sind nicht allein und das tut gut!

Herzlichen Dank für alle Treue, Liebe und Verbundenheit, die wir immer wieder spüren dürfen.

Ortigueira
07. November 2008

Nach den Gesprächen mit den Ärzten, Eltern, Geschwistern und einigen Freunden haben wir uns entschieden, wieder nach Queimadas zu fahren und keine neue „Behandlung“ zu beginnen.

Da unser Trost nicht im Ausschöpfen aller medizinischen „Möglichkeiten“ liegt, sondern in der Gewissheit, dass unser Leben in einen viel größeren Zusammenhang als dieses irdische Leben gestellt ist, möchten wir uns lieber auf einen bewussten Abschied zu Hause vorbereiten. Wir sind die vielen Fahrten, Termine und Qualen leid und letztendlich führen sie nur zu einem schwachen Versuch der Verlängerung. Nun wollen wir herausfinden, wie oft und wie viele Schmerzmittel nötig sind, damit es für Christiane so erträglich wie möglich ist.

Sie ist nun wieder in ihrem Umfeld, in das Gott sie berufen hat, umgeben von uns, den Katzen, den mitfühlenden Indianern hier in Queimadas und getragen von unzähligen Gebeten und Gedanken von vielen

Freunden aus der ganzen Welt. Eigentlich wie schon immer in den letzten 13 Jahren.

Christiane hat keine Angst und spürt, dass sie in Gottes Hand ist. Aber es fällt ihr schwer, die Verantwortung, die sie für uns verspürt, loszulassen. Sie kennt mich sehr gut und weiß, wie sehr ich sie brauche und wie sehr meine bisherige Entwicklung von ihrem positiven Einfluss und ihrer Ergänzung geprägt ist. Sie sieht Rebeca und Samuel und wie sehr sie noch eine Mutter brauchen. Auch wenn wir offen mit ihnen über das Ganze reden, werden sie sicherlich die Konsequenzen erst richtig erfassen und erleiden, wenn es so weit ist. Was ich Christiane zu vermitteln versuche, ist, dass ich mir beim besten Willen noch keinen Weg für uns ohne sie vorstellen kann. Andererseits will ich sie aber nicht festhalten, sondern auch da auf Gott und seinen Weg mit uns vertrauen. Ich verliere Christiane nicht, sondern gebe sie ab. Ein für mich sehr schweres und schmerzvolles Opfer, aber ich weiß sie in guten Händen und gebe sie an jemanden ab, dem ich bedingungslos vertraue, dass er keinen Fehler macht.

Queimadas
12. November 2008

In den letzten Tagen haben uns viele persönliche Briefe erreicht. Wir wissen das zu schätzen, denn es ist nicht leicht, Worte zu finden, wenn man innerlich so aufgewühlt ist.

Diese persönlichen Zeilen haben uns getröstet,

uns Mut gemacht und sie zeigen uns, dass wir nicht alleine auf diesem Weg sind. So unverständlich das vielleicht auch klingt, aber die ehrlichen Worte der Hilflosigkeit, der Versuch, unsere Gedanken und Entscheidungen nachzuvollziehen, die Erinnerung an gemeinsame Begebenheiten aus der Vergangenheit, ein Bild, ein Lied oder einfach die Zusicherung, für uns zu beten, haben eine Kraft, aus der wir jeden Tag schöpfen können.

Was soll ich zu uns sagen? Die Nächte sind von Schmerzen, Erbrechen, Eincremen oder der Einnahme von Medizin unterbrochen. Nun haben wir seit gestern aufklebbare Schmerzmittel, die hoffentlich das Einnehmen von Tabletten reduzieren können. Tagsüber sitzt Christiane im Sessel, legt sich nach kurzer Zeit wieder hin, isst ein wenig; die Tage sind angefüllt mit Musik hören, streicheln, zusammen sein, Mails lesen und dem Besuch von Indianern oder Nachbarn, die einfach etwas dasitzen und dann wieder gehen. Damit Christiane keine Treppen steigen muss, machen wir das alles in unserem Schlafzimmer, das sehr hell ist, einen schönen Blick auf die Natur hat und groß genug ist, für die gemeinsamen Mahlzeiten und die Besucher. Ich bin, mit kleinen Unterbrechungen, die ganze Zeit bei ihr und versuche ihr so gut wie möglich zu helfen und sie so lange zu pflegen, wie ich kann. Das Büro ist jetzt geschlossen. Nur das Nötigste erledige ich mit meinem MacBook oder per Telefon.

Als ich Christiane heute Morgen fragte, was ihr so durch den Kopf geht, meinte sie: „Eigentlich nichts Besonderes. Ich träume von Erlebtem oder Besuchern und denke über Texte von Liedern nach, die mir gefallen. Aber das habe ich früher auch schon gemacht. Es ist irgendwie so normal.“

Ich persönlich erbitte mir Kraft für jeden neuen Tag und dass Christiane nicht so leidet. Die Sorgen von morgen sollen mich nicht schon heute belasten und ich versuche jeden Tag erst mal für sich zu nehmen.

Wir sind dankbar dafür, dass wir eigentlich ein Stück das weiterleben, was wir bisher gelebt haben. Wir sind zu Hause in Queimadas, leben weiterhin ganzheitliche Mission mit allen ihren Facetten, einschließlich der Vorbereitung auf den Tod, die Kinder haben ihr Umfeld mit Schule, Freunden und Freiheit und unser Haus ist weiterhin ein Ort der Begegnung.

Queimadas
19. November 2008

Nach einer weiteren durchwachten Nacht möchte ich unsere Gedanken zu unserem ewigen Gott formulieren, an dem wir uns in der so schweren Zeit festhalten. Ich wüsste nicht, wie man es sonst, ohne Schaden an der Seele zu nehmen, mitansehen könnte, wenn sich der geliebte Mensch so langsam äußerlich wie auch innerlich verändert und leidet. Nicht so sehr an konkreten Schmerzen, sondern an dem allgemeinen Unwohlsein und der Erschöpfung, dem langsam fortschreitenden Zustand der Verwirrung aufgrund der Tumore im Kopf, dem ständigen Durst und der immer größer werdenden Leber, die auf den Magen drückt. So verbringe ich die Nächte an der Seite von Christiane und versuche in dem gleichen unruhigen Rhythmus etwas Schlaf zu finden. Im Moment kann ich mir nicht vorstellen, in diesem Haus nicht an der Seite von Christiane zu schlafen, denn das ist der Ort, wo ich in den letzten fast 14 Jahren immer wieder so viel Liebe, Nähe, Verständnis, Trost und Geborgenheit gefunden habe.

Wir halten weiter fest an einem allmächtigen, gegenwärtigen, persönlichen, liebenden und ewigen Gott!

Ewig heißt für uns, dass unser Leben in einem größeren Zusammenhang steht als unser Dasein hier auf dieser Erde.

Spätestens dann, wenn man viele Stunden in Wartezimmern von Ärzten oder Kliniken verbracht hat, wird einem deutlich, dass Zeit etwas Relatives ist. Wie kurz scheinen uns doch die Wochen eines lang ersehnten Urlaubes oder eines Besuches im Vergleich zu den Tagen des Wartens auf ein Ergebnis oder gar die Minuten eines Schmerzanfalls. Wie kurz scheint ein Leben, wenn man auf 40 schöne, volle und sinnvolle Jahre zurückblickt, wie lang dagegen eine durchlittene Nacht. Wenn Zeitempfinden also relativ und subjektiv ist, muss es etwas geben, was über die Zeit hinaus feststeht. Etwas, das objektiv ist und Maßstab sein kann, das unveränderlich ist.

Für uns ist daher klar, dass wir an dem Konzept der Ewigkeit festhalten. Nur so macht dies alles Sinn. Wenn das Leben von Christiane (und vielen anderen wertvollen Menschen) sich nur auf die Diesseitigkeit oder unsere bisherige Wahrnehmung beschränken würde, wären unsere Gefühle nur von Trauer, Sinnlosigkeit und Hilflosigkeit geprägt. Aber es gibt einen ewigen Gott, der mehr im Sinn hat als das, was wir zurzeit sehen oder verstehen können. Daran halten wir fest und vertrauen uns ihm an!

Queimadas
22. November 2008

„Jetzt gibt es einen Grund mehr, uns auf den Himmel zu freuen!"

Es ist so weit, dass wir hier auf der Erde endgültig Abschied von Christiane nehmen müssen.

Die letzten Monate waren gefüllt mit Leiden und Hoffen, Tränen und Trost, Fragen und Vertrauen, Entfernung und Nähe. Dass Christiane es nun heute gegen Mittag überstanden hat und da sein kann, wo sie eigentlich hingehört, ist mir, bei allem Schmerz, Unverständnis, Verlust und den Fragen nach der Zukunft, ein Trost. Viele sind diesen Weg mit uns bis hierher gegangen und ich möchte dafür von ganzem Herzen Danke sagen! Ohne sie wäre er unvergleichlich schwerer gewesen.

Heute geht es hier um die bei den Indianern übliche Nachtwache, zu der im Laufe der Nacht viele zusammenkommen, um Abschied zu nehmen und uns nicht allein zu lassen. Morgen werden sicher auch viele andere Freunde kommen und es wird einen Abschiedsgottesdienst geben. Ich möchte zu 2. Kor. 4,16-18 etwas sagen, der letzte Text, den wir miteinander besprochen und der uns gemeinsam getröstet hat. Danach wird dann die Beerdigung sein. Da unser Zuhause und Gelände von Anfang an auch ein Ort der Begegnung unterschiedlicher Kulturen war und viele Menschen sich bei uns wohlgefühlt haben, haben wir uns ganz bewusst dafür entschieden, diesen letzten Weg mit Christiane auch hier in Queimadas zu gehen. Alles andere würde nicht zu unserem gemeinsamen Leben, das uns hierhergeführt hat, passen. So wird Christianes Körper unter unserem Strohdach vor dem Haus aufgebahrt und die Indianer und die anderen Gäste auf dem Gelände und im Haus nehmen mit uns in diesen Stunden Abschied. Danach wird sie auf unserem Gelände beerdigt.

Wie wir diesen Tag erlebt haben und wie es mit uns erst mal weitergeht, steht noch nicht fest. Momentan sind wir weiterhin auf Fürbitte angewiesen und ich möchte hier schon mal im Voraus Danke dafür sagen, denn für mich persönlich beginnt jetzt eine schwere Zeit, in der es nicht mehr um die Sorge und Pflege von Christiane geht, sondern um die Auseinandersetzung mit meinen eigenen Gefühlen, meiner körperlichen Erschöpfung, meinem Umgang mit dem Umfeld und der Frage nach der Zukunft.

Queimadas
26. November 2008

Es tut so weh, so unendlich weh!

Dass wir Christiane bei uns aufgebahrt hatten, erwies sich wieder als ein guter Weg, um den vielen Trauergästen einen Ort der Begegnung zu ermöglichen, ohne dass sich der eine oder andere unwohl dabei fühlte. Schon am Samstagnachmittag kamen viele Indianer und Freunde aus der Stadt, die uns ihr Mitgefühl zeigten. Die Indianer hatten ihre Feuerstellen für die Nacht gemacht, die „Weißen" hatten genug Sitzgelegenheiten, um zusammenzusitzen und sich zu unterhalten, und die Kinder tobten auf dem Spielplatz und rannten zwischen den Bäumen umher.

So war Christiane eingebettet in dieser ganzheitlichen und vielseitigen Lebensweise, in die sie sich so gut eingelebt und die sie positiv geprägt hat. Indianerfrauen saßen an ihrem Sarg und sagten oft: „Sie hat nie Portugiesisch mit uns gesprochen!" Und viele Weiße: „Sie war immer so freundlich und hat gestrahlt!"

Am Abend gestalteten die Indianergeschwister auf ihre Art einen Gottesdienst, um dann die Nacht bei uns zu wachen. Einige saßen immer wieder bei Christiane, andere legten sich einfach ans Feuer, um ein wenig zu schlafen, und Rebeca und Samuel wurden von ihren Freunden beschäftigt und schliefen bei ihnen in den Zelten.

Als ich mich gegen 4:30 Uhr zu einem meiner Indianerfreunde ans Feuer setzte, begann für mich ein weiterer schwerer Weg. In den Tagen zuvor hatte ich mich bereits mit dem Gedanken beschäftigt, Christiane auf unserem Gelände in Queimadas zu beerdigen. Ich wollte einen ruhigen, gepflegten Ort, an dem ich mich an Christiane erinnern konnte. Die Indianer, mit denen ich gesprochen hatte, konnten meinen Wunsch nachvollziehen. Auch rechtlich gesehen gäbe es keine Einwände. Nun, in der Ruhe der Nacht und dem Gefühl, dass ich ihm zuhören würde, fasste Alcides sich ein Herz und sagte mir, was die Indianer wirklich empfanden. Dass Christiane alleine liegen würde, abgesondert von ihren Indianerverwandten. Sie hätten auch nicht die Möglichkeit, wenn sie einmal im Jahr den Friedhof säubern, das Kreuz mit ihrem Namen zu sehen und sich gegenseitig daran zu erinnern, was Christiane ihnen bedeutete. Nun musste ich zwischen meinem Herz und den 500 Herzen der Indianer entscheiden. Ich entschied mich für das Herz der Kaingang. Aber meinen eigenen Wunsch loszulassen, fiel mir schwer und es tat mir sehr weh. Nicht wegen der Indianer an sich, sondern wegen der äußeren Umstände des Friedhofes: Die Gräber und Kreuze waren verwahrlost, die Grabstätten wurden gelegentlich übergraben, sodass Gebeine und Schädel zum Vorschein kamen, die dann einfach wieder mit eingegraben wurden und vieles andere, was ich ja im Laufe meines Lebens gesehen hatte. Aber es war trotzdem die richtige Entscheidung und schon heute kann ich sehen, was sich daraus zum Segen für andere entwickeln kann.

Z. B. haben wir gestern schon bei einem Gelegenheitskauf neue Pfähle für die Umzäunung gefunden. Sicherlich werden wir gemeinsam durch Christianes Grab langsam einen neuen und guten Weg finden, den sich schon viele Indianer im Innersten gewünscht haben.

Am Sonntagmorgen kamen immer mehr Freunde, die teilweise 400 km Anfahrt hatten, und wir konnten einen schönen Abschiedsgottesdienst feiern, an dem sich jeder in seiner Sprache beteiligen konnte. Es kam zum Ausdruck, wie sehr uns der Abschied von Christiane schmerzt, aber auch dass wir eine Hoffnung haben, die nicht nur ein billiger Trost ist, sondern sich an Jesus, dem Auferstandenen, ausrichtet. Es flossen viele Tränen, Tränen des Schmerzes, nicht der Verzweiflung, Tränen der Trauer, nicht der Hoffnungslosigkeit.

Nach dem Gottesdienst fuhren wir die knapp vier Kilometer zum Indianerfriedhof und beerdigten Christiane auf dem Indianerfriedhof. Nun mussten wir endgültig Abschied nehmen und es war ein schwerer Weg, den wir jedoch nicht allein gehen mussten.

Christianes Schwester konnte stellvertretend für die ganze Familie aus Deutschland auf dieser letzten und schmerzvollen Wegstrecke dabei sein. Auch meine Schwester Ester konnte noch rechtzeitig am Samstagnachmittag aus dem Norden Brasiliens kommen und bis heute bleiben. Meinen Eltern ist es auch sehr schwer, denn Christiane ist ihnen zu einer lieben Tochter und Kollegin geworden, die ihrem Sohn so gutgetan hat und nun nicht mehr unsere Familie bereichern kann. Rebeca und Samuel haben hier ihre Freunde und werden sehr lieb mit normalen Dingen des Alltags beschäftigt und sie müssen auch nicht mehr die letzte Woche zur Schule. Somit ist dieses Jahr für sie erst mal abgeschlossen und sie freuen sich auf die langen Ferien bis Februar.

Für mich beginnt eine Zeit des Beschäftigens mit mir selbst und der Versuch, zur Ruhe zu kommen. Christiane hat unser aller Leben so bereichert und wir können Gott nur danken, dass wir sie diese Jahre bei uns haben durften. Ein unvergessliches Geschenk!! Wir sind in einem Tunnel, der zwar noch kein Licht zeigt, aber es gibt einen Ausgang! Darauf vertrauen wir!

Gravatal
16. Dezember 2008

Nun sind es gut drei Wochen her, dass wir Christiane beerdigt haben, und es kommt mir vor, als wären es Monate. Die Tage und Nächte ziehen sich in die Länge, wie ich es vorher nie kannte, und die Frage nach ihrer Gestaltung ist für mich eine tägliche Herausforderung. Auch die Auseinandersetzung mit der so lieb gemeinten Frage: „Wie geht es euch?“, fühlt sich bei mir ungefähr so an wie ein Stück Schmirgelpapier auf einer offenen Wunde.

Um zu versuchen, meine Empfindungen etwas zu beschreiben, ist es vielleicht am besten, wenn ich meine zwei neuen Begleiterinnen vorstelle, die mich ständig umgeben. Die erste ist die Einsamkeit. Nicht das Fehlen von Gesellschaft. Die habe ich durch die Kinder, Eltern und auch liebe Freunde. Nein, es ist das Fehlen des Gegenübers, das zu einem Teil von mir selbst geworden war, an das ich mich so gewöhnt hatte und das im Wesentlichen für die Qualität meines irdischen Lebens verantwortlich war. Es ist die Einsamkeit, die nicht einfach ersetzt oder weggebetet werden kann. Sie steht mir schon am frühen Morgen vor Augen, wenn ich auf die leere Seite in meinem Bett schaue oder die einsame Zahnbürste vor dem Spiegel sehe. Selbst beim Rasieren begleitet mich die Frage: „Für wen?“

Die letzten Jahre habe ich es für Christiane getan, denn ihre Reaktionen darauf taten mir einfach gut. Selbst am Tag ihres Todes signalisierte sie mir, dass sie die glatte Haut und das Rasierwasser liebt.

Und nun ist nur noch diese tiefe Einsamkeit da, die ich im Moment einfach aushalten muss. Das kostet Kraft und macht scheinbar keinen Sinn. Dazu kommt, dass sie eine sehr gefährliche Begleitung ist, denn in ihr beginnen Gedanken und Gefühle, die nicht gut sind. Ich laufe Gefahr, mir leidzutun.

Oder ich vergleiche mich mit anderen glücklichen Familien (die wir ja bis vor einem Jahr auch waren). Oder ich laufe Gefahr, einfach neidisch zu werden.

Meine zweite Begleiterin ist die Sehnsucht. Sie ist zwar nicht so gefährlich wie die Einsamkeit, aber sie ist umso schmerzlicher. Sehnsucht nach den vergangenen Zeiten. Es waren über 5.000 Tage, die ich mit Christiane erleben durfte, und es gibt so viele schöne Erinnerungen und Bilder aus der Zeit, die ich gerne zurückholen und lebendig machen würde. Besondere Erlebnisse, aber auch vieles aus dem ganz normalen Alltag, nach dem ich mich sehne und den ich nicht mehr habe. Ich komme mir manchmal vor wie auf einem Entzug mit allen seinen schmerzlichen Nebenwirkungen. Aber es ist auch eine Sehnsucht nach vorne da, das Sehnen nach einem Wiedersehen, danach, alles überstanden zu haben und am Ziel zu sein, dort, wo Christiane jetzt schon ist. Doch zurzeit muss ich in diesem Zwischenraum von „nicht mehr" und „noch nicht" leben und den Alltag gestalten. Das tut weh und ist eine tägliche Überwindung für mich. Wie lange diese Zeit wohl dauern wird?

Die gemeinsamen Tage mit Freunden aus Deutschland haben mir in dieser schweren Anfangszeit sehr geholfen und auch die Abschiedsfeier in Christianes Heimatgemeinde in Halle, an der ich über Skype live dabei sein konnte.

Zu Rebeca und Samuel habe ich noch nicht so viel

geschrieben; das liegt nicht etwa daran, dass ich sie nicht beachte oder zu wenig auf sie eingehe. Ich (und nicht nur ich) habe das Gefühl, dass sie in einer guten Weise abgelenkt und aufgefangen sind. Sie können sich über die vielen Zeichen der Zuwendung freuen und erleben die Ferien als abwechslungsreich. Immer, wenn ich vorsichtig das Gespräch auf Christiane bringen will, blocken sie ab und möchten sich nicht dazu äußern. Sie möchten scheinbar jetzt erst mal jeden Tag mit den Freuden nehmen, die sie haben, und alles andere auf später verschieben. Ich werde ihnen die Zeit lassen, die sie brauchen, um sich damit auseinanderzusetzen. Ich freue mich sehr über ihren Umgang miteinander und ihre Selbständigkeit, die sie ja in den letzten Monaten schon entwickeln mussten. Eine Herausforderung für mich wird es sein, nun ganz allein – ohne Christiane – auf zwei so gegensätzliche Personen eingehen zu müssen. Sie haben sehr unterschiedliche Interessen und in der Regel ist es so, dass das, was dem einen richtig gut gefällt, für den anderen eine schiere Zumutung ist. Aber wo ist das nicht so?

Wie unser Leben ganz praktisch zum Schulbeginn Anfang Februar weitergehen soll, weiß ich noch nicht. Noch ist es mir unvorstellbar, womit wir wieder bei meinen zwei Begleiterinnen wären ...

Queimadas Weihnachten 2008

Weihnachten am Kreuz! Ist das der richtige Ort, um weihnachtliche Gefühle aufkommen zu lassen? Auf dem Friedhof, an einem Kreuz, das weltweit als Symbol für Leiden, Schmerzen, Entbehrung, Hilflosigkeit, Opfer, ja für den Tod im wahrsten Sinne des Wortes steht?

Ich konnte nicht anders, als dorthin zu gehen, denn diese Symbolik entspricht meinen inneren Gefühlen mehr als aller andere Trubel um mich herum. Meine Eltern sind gekommen, um mit uns die Tage zu gestalten: Rebeca ist ganz mit dem Üben für ihre Vorführung mit ihrer Tanzgruppe beschäftigt, Samuel hat sein Zimmer mit Lichtern und allerlei Kleinkram um ein großes Bild von Christiane herum geschmückt und freut sich, dass Opa sich so viel Zeit nimmt, um mit ihm zu spielen, und die Indianer stehen voll in den Vorbereitungen für das große Dorffest.

Und ich? Ich komme mir vor wie ein übervolles Glas, das in all der Freude und Bewegung möglichst ruhig gehalten werden müsste, damit es nicht ständig überschwappt.

So bin ich hin zu dem Kreuz auf dem Indianerfriedhof in Queimadas gegangen, das meinen gegenwärtigen Gefühlen und Empfindungen aufs Tiefste entspricht, und habe das Grab für einen Moment mit den Symbolen von Weihnachten geschmückt, die Christiane in der Adventszeit so gerne im ganzen Haus aufgestellt hat.

Ich habe das Gefühl, dass für mich in diesem Jahr das ganze Weihnachtsgeschehen viel besser hierher ans Kreuz passt als in die gemütliche Stube, bei Kerzen, guten Düften und Geschenken im Überfluss. Ich versuche mich in Maria und Joseph hineinzuversetzen, in dieser Nacht. Ich könnte mir vorstellen, dass ihre Gedanken und Gefühle den Kreuzesgedanken vielleicht viel näher standen als das, was wir aus Weihnachten heute gemacht haben. Hatten sie vielleicht auch so menschliche Gedanken, wie ich sie heute habe? „Lieber Herr, wir haben uns dir zur Verfügung gestellt und wollen das tun, was du uns aufgetragen hast. Das ist nicht immer leicht und wir haben schon einiges dafür in Kauf nehmen müssen. Wir machen es aber gerne, denn wir vertrauen dir, dass es das Richtige und Beste für uns ist. Aber hättest du uns im Gegenzug nicht vielleicht die äußeren Umstände etwas erleichtern können? Das mit der Volkszählung hättest du doch ohne Weiteres etwas verschieben können. Oder wenigstens einen Platz in einer guten Herberge, wenn schon die Geburt in dieser Stadt sein sollte. Und dann kommen diese ungehobelten, nach Feuer und Rauch riechenden Männer als die wichtigsten Besucher vorbei. Was ist das für eine PR-Strategie? Gehst du so mit deinen Beauftragten um? Wenn das alles zusammenpassen und einen Sinn ergeben soll, könntest du uns da nicht vielleicht ein wenig erklärend entgegenkommen, damit wir jetzt schon mal etwas davon verstehen können? Warum erscheinen die Engel mit all deiner Macht und Herrlichkeit den Hirten, weit draußen auf dem Feld, und nicht uns, die wir doch direkt betroffen sind?"

Ich weiß nicht, was Maria und Joseph konkret gedacht haben und wie sie sich mit ihrem Weg nach

Bethlehem auseinandergesetzt haben. Und ich möchte ihnen auch nichts unterstellen. Aber ich weiß um meine Gedanken. Und ich gebe ihnen Raum. Ich spreche mit Gott und sage ihm das alles.

Und ich weine, rieche an meiner Hand, auf die ich einige Tropfen von Christianes Parfüm gegeben habe und wünsche sie mir zurück mit ihren strahlenden Augen, ihrem Lächeln, ihren Berührungen, ihrer Liebe. Aber ich sehe nur ein Kreuz aus Bambus und davor das Weihnachtsgeschehen.

Aber dann sehe ich noch etwas: Das gleiche Symbol des Kreuzes bekommt für mich eine Ergänzung. Es wird zum Symbol, das auch für Hingabe, für Erlösung, für Trost, für Vergebung, für Auferstehung, für Ewigkeit, ja für Zukunft steht. Wieder spüre ich, dass ich mit meinen Gefühlen und Gedanken am richtigen Ort bin. Ich verstehe, dass es hier und jetzt erst mal darum geht, die Entscheidung zu treffen, weiterhin an Gott festzuhalten; das Vertrauen in ihn zu stärken und seinen Verheißungen zu glauben.

Es geht erst einmal darum, dass meine Gedanken heilen. So bitte ich ihn darum, dass meine Gedanken geordnet werden, dass der Teufel meine Schwäche jetzt nicht schamlos ausnutzt, um mich von Gott und seinem Weg mit uns abzubringen. Und ich danke Gott für alle, die genau darum für mich beten.

Das nimmt mir zwar nicht den Schmerz, aber es gibt mir existenziellen Halt: jetzt, gleich, morgen und in Zukunft.

Heilung der Gefühle, sich wieder freuen können, sich ohne Schmerz an Christiane erinnern können, all das braucht Zeit und kann jetzt nicht erzwungen werden. Bis dahin werde ich mein „Gefühlsglas“ weiterhin in all der Freude und Bewegung, die sich um mich herum abspielt, versuchen zu jonglieren und es hier und da auch einfach überschwappen lassen. Ich bin sehr dankbar, dass ich in meinen Eltern und manchen Freunden aktive Zuhörer habe, die gerne und hilfsbereit „Übergeschwapptes“ aufwischen.

So mache ich mich wieder auf den Weg nach Hause und darf erleben, dass die Weihnachtsbotschaft zeitlos und unabhängig von äußeren Umständen und inneren Gefühlszuständen ist, weil sie uns einen Weg in die Zukunft zeigt, den zu gehen sich lohnt.

Und ich möchte ihn gehen. Mit Rebeca und Samuel. Mit meiner Familie. Mit den Kaingang. Mit den Freunden aus Deutschland.

Gravatal
09. Januar 2009

Auch wenn bei uns zurzeit die Sonne scheint und wir für eine Woche, diesmal mit meinen Eltern, an unserem Urlaubsort sind, ist meine Wahrnehmung der Farben und des Schönen immer noch grau und schmerzlich. Das reichhaltige Buffet schmeckt fade und die hübschen Kleider in den Schaufenstern, in die Christiane mit ihrer Figur so problemlos hineinpasste, verschwimmen vor meinen Augen. Ich habe zwar ein schönes und helles Zimmer, aber die Zeit vor dem Einschlafen ist lieblos und das Aufwachen einige Stunden später unbarmherzig. Umringt zu sein von jungen Ehepaaren, Familien und miteinander altgewordenen Paaren tut weh. Das Fernsehprogramm ist hohl und das Surfen im Internet unüberschaubar und anstrengend. Also ideale Voraussetzungen, um mich einfach zurückzuziehen und mich zu verschließen.

Da dies aber ein sehr gefährlicher Weg ist, gehe ich sehr früh, wenn noch keiner auf ist, ans Wasser und führe dort gute Gespräche mit meinen Eltern. Die Tränen fallen auch nicht so auf, da man ja sowieso nass ist. Ich beschäftige mich mit Büchern und Texten über Trauer, ihre Auswirkungen und Gefahren und welche Hilfen es gibt, diese Phase durchzustehen. Ich finde mich darin wieder und fühle mich verstanden. Ich merke, dass ich mit meinen Empfindungen „normal" bin und dass es dennoch eine Zukunft gibt. Nicht jetzt, aber danach! Ich versuche, dem Alltag mit Rebeca und Samuel eine gewisse Routine und Qualität zu geben. Regelmäßig essen, das Zimmer aufräumen, Interesse an ihrem Kinderprogramm zeigen, sie mit Sonnencreme einreiben, usw.

Christiane fehlt mir sehr!!! Ich kann es nicht anders sagen.

Sie fehlt mir als Kollegin unter den Kaingang!

Natürlich war es nicht immer leicht für sie. Sie musste zwei neue Sprachen lernen und sich in Queimadas unter den Kaingang erst einmal einleben. Sie hat diese Menschen, die so ganz anders sind, lieben gelernt. Unser Haus als Begegnungsort war immer offen für die Menschen unterschiedlichster Kulturen. Christianes Eltern waren bereit, ihre jüngste Tochter in ein fremdes Land ziehen zu lassen. Christiane war Anlaufstelle für viele Kinder und junge Frauen. Sie war, besonders in den letzten Jahren, meine erste und immer zur Verfügung stehende Adresse, wenn es um Probleme in den Gemeinden und Projekten ging, und sie war mitverantwortlich für die Entwicklung, Umsetzung und Gestaltung unseres Auftrages, ganzheitliche Mission unter den Kaingang zu leben. Sehr schmerzlich habe ich dies am Ende des Jahres wieder gespürt, als wir am Rio das Cobras zu dem großen Gemeindefest gefahren waren. Ich saß am Sonntagmorgen unter den Bäumen und schlürfte meinen Kaffee, als ich mir bewusst wurde, dass Christiane nicht mehr da ist. Sie hätte sich jetzt mit einer natürlichen Selbstverständlichkeit in die Reihe gestellt und ihren dünnen und sehr süßen Kaffee mit einem Brötchen vom Vortag in Empfang genommen und sich über das gute Frühstück in der Gesellschaft mit den Kaingang gefreut. Sie hätte sich zu den Frauen gesetzt und gefragt, ob es ihnen gut geht, und hätte Babys auf den Arm genommen, wie es die Kaingangfrauen tun, wenn sie ihre Neugeborenen bewundern. Pedro, einer der jungen Gemeindeleiter am Rio das Cobras, sah meine Tränen und setzte sich zu mir, weinte mit mir und sagte: „Vâkórá (Christianes Indianername) war, im Gegensatz zu anderen, eine ‚Weiße', die sich nicht vor uns geekelt hat!" Und dann fragte er mich: „Bleibt ihr bei uns?"

Christiane fehlt mir als Mutter für Rebeca und Samuel! Wenn ich in den Tagen, in denen wir in Queimadas sind, so für das Allernötigste sorge, werde ich immer wieder daran erinnert, wie selbstverständlich und gerne Christiane Hausfrau und Mutter war. Und sie ist jetzt einfach nicht mehr da und ich merke, dass es mir sehr schwerfällt, „ihren" Teil einfach zu übernehmen. Ich versuche, eine gewisse Routine in den Tag hineinzulegen, indem ich die Wäsche wasche, Wehwehchen verbinde, Aufgaben verteile, frage, ob die Zähne auch geputzt wurden, einkaufe und das Essen zubereite. Rebeca und Samuel helfen mit und ich versuche, ihnen gegenüber tapfer zu sein, wenn wir miteinander am Tisch sitzen und sie sich freuen, dass sie Freunde mitbringen dürfen. Als Samuel neulich zu einer sehr einfachen Reispfanne sagte: „Papa, das war gut!", war es um meine Fassung wieder geschehen und ich trauerte um die Mutter, die sie nicht mehr haben und die ich ihnen nicht ersetzen kann. Wie werden sie sich entwickeln ohne Christianes guten Einfluss?

Christiane fehlt mir als Ehefrau und Geliebte! Wer sich schon mal mit den „Fünf Sprachen der Liebe" von Gary Chapman beschäftigt hat, kann sich vorstellen, was es heißt, wenn der „Stöpsel" des Liebestanks gezogen wurde und ausgelaufen ist. Christianes Liebessprache war die Zweisamkeit und wir konnten im Laufe der Jahre diese Sprache immer besser sprechen. Ich habe mir bewusst Zeit für sie genommen, in der sie, und nur sie, mich hatte. Wir sind alleine an schöne Orte gefahren, haben unseren Tag miteinander angefangen und ich habe sie fast jeden Tag angerufen, wenn ich nicht zu Hause war. Das gab ihr das Gefühl, dass ich sie lieb habe und gerne mit ihr zusammen bin. Deshalb war es mir auch sehr wichtig, sie im letzten Jahr auf all ihren schweren Wegen zu begleiten und sie, bis zu ihrem letzten Atemzug, in den Armen zu halten.

Im Gegenzug beherrschte sie meine Liebessprache – die Zärtlichkeit – bis ins Detail. Ich fühlte mich durch ihre Berührungen und Blicke immer wieder so beschenkt, dass ich mich oft als der beneidenswerteste Mann der ganzen Welt gefühlt habe. Wir haben unsere Beziehung immer als eine Energiequelle erlebt und immer wieder daraus geschöpft, um uns anderen zuzuwenden und für Gott zu verausgaben.

Und jetzt? Wohin mit all diesen Erinnerungen an

unsere Liebe? Ich gehe zum Grab und mache es immer wieder etwas zurecht. Ich nehme mir viel Zeit und lese die Briefe, die wir uns vor der Hochzeit geschrieben haben. Es waren drei lange Jahre, in denen wir immer wieder getrennt waren und uns aufeinander freuten. Wir haben uns fast jeden zweiten Tag lange Briefe geschrieben, in denen wir in unser Herz schauen ließen. Erstaunlicherweise gibt es viele Parallelen zu meiner jetzigen Zeit und ich finde Trost in ihnen. Ich durchsuche unser Haus nach Spuren von Christiane und freue mich über einen kleinen Zettel in ihrer Bibel oder die Kette in einer Schublade, die ich nun an meinem Handgelenk trage. Auch die vielen, schönen Bilder, die ich von uns habe, helfen mir ein wenig und lassen mich dankbar sein für all das Schöne, das wir miteinander erlebt haben. Aber es ist noch eine sehr schmerzvolle Dankbarkeit.

Solange diese anstrengende und unbarmherzige Phase der Trauer anhält, möchte ich mich weiterhin einfach festhalten. Besonders an unserem Hochzeitstag (14.01.) der an meinem Geburtstag (31.01.). Festhalten im wahrsten Sinne des Wortes! Festhalten an dem Kreuz, das wir, besonders im letzten Jahr, miteinander festgehalten haben. Festhalten am Kreuz mit der Botschaft der Zukunft, der Auferstehung, des Lebens. Diese Wahrheit leuchtet, auch wenn das Licht mich heute noch nicht erreicht oder mein Gesicht erhellt. Sie ist wahr, auch wenn dieser Trost mir noch keine spürbare Erleichterung schafft. Ich bin mir sicher, dass es ein Weg ist, den Gott mit uns allen geht, und das gibt mir Kraft, mich bedingungslos festzuhalten und weiterzugehen, bis es mal wieder auf sonnige Hügel und durch bunte Wiesen gehen wird, bis hin in die Ewigkeit, auf die ich mich jetzt schon freue!

Queimadas
19. Januar 2009

Die Sonntage sind für mich besonders schwer! Es war der Tag in der Woche, auf den wir uns immer sehr gefreut hatten, besonders wenn es ein ganz „normaler“ war. Wir konnten länger schlafen und aus der Fülle der Möglichkeiten schöpfen, die sich ergeben, wenn man sich liebt und Zeit hat. Dann ein schönes Frühstück als Familie, immer mit einem kleinen süßen Zeichen auf dem Teller, dass heute ein besonderer Tag ist. Gottesdienst, ein gemeinsam zubereitetes Mittagessen, ein längerer Mittagsschlaf, usw ...

Nun sind es acht Sonntage her, dass wir den schweren Weg bis zum Friedhof gehen mussten. Damit haben die Sonntage erst mal einen Beigeschmack bekommen, der mich noch sehr schmerzt und innerlich aufwühlt. Gestern durfte ich ihn mit Harry Wollmann (Direktor der Lebensgemeinschaft Tabor) und seiner Frau Sigrid erleben, die dienstlich in Brasilien unterwegs sind. Wir haben zusammen geweint, zurückgeblickt und nach vorne geschaut und ich konnte wieder erleben, dass ich auf diesem Weg nicht allein bin und Gott unsere Vergangenheit geprägt hat, uns in der Gegenwart trägt und uns auch die Zukunft weiter gestalten will. Noch ist zwar die Erinnerung an die Vergangenheit wie eine große offene Wunde, an der der Verband immer wieder gewechselt werden muss. Das macht die Gegenwart zu einer täglichen Überwindung, und der Blick in die Zukunft ist noch verhangen.

Inzwischen liegt der 14. Januar hinter mir. An diesem Tag vor 14 Jahren hat sich endlich der Traum eines gemeinsamen Lebens mit einem Menschen erfüllt, mit dem ich alles teilen kann, dem ich mich ganz hingeben kann, bei dem ich angenommen bin, der mich versteht und mit dem ich gemeinsam durch dick und dünn gehen kann. Ein wunderschöner Tag in der Gesellschaft vieler lieber Menschen und der gegenseitigen Entdeckung in der Zurückgezogenheit. Im Laufe der Jahre erlebte ich, dass ich mit Christiane über meine jugendlichen Träume hinaus beschenkt wurde und unsere Beziehung zu einem wesentlichen Teil meiner Identität wurde.

So wirft dieser erste Hochzeitstag ohne Christiane in mir nicht nur die schmerzlichen Gefühle der Erinnerung und des Verlustes, sondern auch einige existenzielle Fragen auf. Wir versprachen uns damals unsere Liebe, Treue, Hilfe und Ehre, „bis der Tod uns scheidet!". Ein mutiges Versprechen, das bei dem Beginn des gemeinsamen Weges so endgültig, unauflöslich und ewig zu sein schien, zu dem wir uns aber mit Gottes Hilfe entschieden. Und es hat uns nie leidgetan! Das Versprechen ist uns nie zu einer Fessel oder zur Einschränkung geworden, sondern vielmehr zu einer fast täglich erneuerten freiwilligen Zuwendung zueinander, weil wir uns unser Leben ohne den andern nicht mehr vorstellen konnten und wollten. Selbst das schwere Jahr der Krankheit mit all den inneren und äußeren Veränderungen hat in mir nie den Wunsch nach einer Trennung hervorgerufen. Im Gegenteil, wir erlebten in diesem Tal eine Tiefe und Qualität der Liebe, die uns nur noch mehr zueinanderbrachte und den anderen noch wertvoller werden ließ. Eine Liebe, die in mir Kräfte freisetzte, die ich mir vorher nie hätte vorstellen können.

Und nun soll diese zu Christiane gewachsene Liebe,

Treue, Hilfe und Ehre durch den Tod einfach geschieden sein? Ich wollte nie geschieden werden! Ich soll nun jetzt durch ihren Tod wieder frei sein?

Frei sein wofür? Ich soll nun guten Gewissens sagen, dass ich mich an mein Versprechen gehalten habe und jetzt ein neues „Kapitel" meines Lebens ohne Christiane anfangen darf? Ich wollte nie meine Lebensgeschichte ohne Christiane weiterschreiben!

Ist unsere Liebe und Verbundenheit nur wie eine Zeichnung auf dem Sand, die durch die Welle des Todes einfach überspült wurde? Geglättet für eine neue Zeichnung? Gibt es nach Christianes Tod keine Liebe, Treue, Hilfe und Ehre mehr? Wenn ja, wie soll ich mich damit trösten, dass Christiane mir nur vorausgegangen ist und ich sie wiedersehen werde? Dass es nur eine Zeit der Trennung ist und dass die Ewigkeit auf uns wartet, wo es keine Tränen, Schmerzen und Trennung mehr geben wird?

Wie gerne würde ich mich damit trösten, dass all das, was wir hier auf dieser Erde miteinander erlebt haben, in der Ewigkeit, in Vollkommenheit, weiter erlebt werden wird. Könnte es aber nicht sein, dass diese schöne Ewigkeitserwartung mich für die Gestaltung der unmittelbaren Zukunft blockiert und die Zeit bis dahin zu einem qualvollen Weg großer Einsamkeit und unbefriedigter Bedürfnisse wird?

Ich weiß, dass diese Fragen und Gedanken zu meiner jetzigen Phase der Trauer gehören und ich sicherlich auch jetzt keine endgültigen Antworten bekommen werde. Ich glaube, dass die Zukunft bunter, schöner und sinnvoller sein wird, als ich es mir jetzt vorstellen kann. Dennoch muss ich mich mit ihr heute und jetzt so auseinandersetzen, wie sie sich mir stellt. Verzeiht, wenn meine Gedanken so offen und unausgegoren sind.

Queimadas
06. Februar 2009

Heute beginnt das 11. Wochenende seit Christianes Tod und ich spüre, dass es mir etwas besser geht als noch vor einem Monat. Und hoffentlich auch noch schlechter, als es mir in einem Monat gehen wird. Aber kleine Schritte und Etappenziele der letzten Zeit möchte ich bewusst und dankbar wahrnehmen, um sagen zu können: Es geht weiter, in eine gute Richtung! Das „Überlaufen“ beschränkt sich immer mehr auf einen geschützten Rahmen oder geschieht in einem persönlichen Gespräch. Langsam entsteht Raum für sachliche Überlegungen und neue Ziele für den nächsten Schritt: die Jahresabrechnungen der Missionsarbeit und der Indianergenossenschaft mit all den dazugehörenden Gesprächen und Verhandlungen. Auf unserer Missionarskonferenz in Curitiba ist uns allen schmerzlich bewusst geworden, wie sehr Christiane uns in der Lebens- und Arbeitsgemeinschaft der Mission fehlt. Meinen Geburtstag am 31. Januar habe ich eigentlich nur ausgehalten und überstanden. Ich habe mich zwar für die Grüße und Glückwünsche bedankt, aber in mir sträubte sich alles und ich fragte mich zynisch: Alles Gute?

Herzlichen Glückwunsch? Wozu? Dass ich das letzte Jahr erleben durfte? Dass ich ein neues Jahr erleben darf? Die Erinnerungen an die schönen Geburtstage, die Christiane mir gestaltet hatte, und die beschenkende Zweisamkeit, die gerade an diesem besonderen Tag etwas Unvergleichliches hatte, schmerzte sehr.

Ein weiterer schwerer, aber sehr wichtiger Schritt

ist unser aktuelles „Familienfoto"! Da unsere Mission in diesem Jahr ein neues Gebetsblatt zum 100-jährigen Jubiläum herausbringen möchte, gab es jetzt kein Aufschieben mehr und ich habe mich dazu durchgerungen, ein neues Bild zu machen, das unsere jetzige Situation darstellt.

Es fiel mir nicht leicht, denn ein solches Bild hat irgendwie so eine sichtbare Endgültigkeit, so eine offizielle Unabänderlichkeit unserer verkleinerten Familie. Christiane ist zwar gegenwärtig, aber ihr Sessel ist leer. Sie beeinflusst unser Verhalten, beteiligt sich jedoch nicht mehr an unserem Alltag. Ich sehe in ihre schönen, grünen, freundlichen Augen, aber sie zwinkert nicht zurück. Ich streiche über ihr Bild, spüre aber nur Flachheit. Keine Kurven, keine Wärme, keinen Herzschlag. Nur eine bunte, aufwühlende Leere!

Und ich liebe sie weiter! Auch wenn diese Liebe jetzt scheinbar nur noch eine Einbahnstraße ist. Ich liebe sie weiter, dafür, dass sie sich vor 17 Jahren für mich entschieden hat, obwohl sie es nicht gemusst hätte. Ich liebe sie weiter dafür, dass sie mit mir den Weg zu den Kaingang gegangen ist und sich hier ganz Gott zur Verfügung gestellt hat. Ich liebe sie weiter für die Liebe, die sie mir in den fast 14 Jahren Ehe geschenkt hat. Selbst wenn ich mich heute noch mal entscheiden dürfte, ob ich die Jahre mit Christiane gegen einen jetzt weniger schmerzlichen Abschied eintauschen möchte, würde ich mich wieder für Christiane entscheiden. Vielleicht klingt das komisch oder platt, aber dass ich mit ihr so eng auf dieser Erde leben und sie bis an die Schwelle in die Ewigkeit begleiten konnte, ist mir allen Schmerz wert und ich möchte einen Weg finden, meine Liebe zu ihr auch jetzt noch gestalten zu können. Wie?

Aus der Fülle an guten Wünschen und Gedanken

zu meinem Geburtstag, möchte ich hier nur zwei erwähnen. Der Erste ist herausfordernd, aber von der „richtigen" Person angesprochen worden. All die Fragen nach der Zukunft, nach einer neuen Perspektive und Lebensqualität, nach meiner Identität ohne Christiane oder nach der ewigen Liebe können erst dann wirklich beantwortet oder zur Ruhe kommen, wenn ich sie von einer neuen Gottesbegegnung her betrachten kann. Neben den menschlichen Beziehungen, die gewünscht und auch notwendig sind, ist doch die Beziehung zu Gott die Grundvoraussetzung für meinen inneren Frieden. Das wünsche ich mir!

Der zweite Gedanke kam von einer guten Freundin, die Bezug auf das Zahlenspiel nahm, das mein Vater bei unserer Trauung gebrauchte. Wenn zwei Menschen heiraten, dann ist es wie mit zwei Zahlen, die man addieren (2 + 2), leider oft dividieren (2 : 2) oder subtrahieren (2 - 2), multiplizieren (2 x 2) oder aber auch einfach zusammenstellen kann (22). Jeder mit seiner Identität und doch zusammen. Wenn jemand mitgerechnet hat merkt er, dass dies das höchste Ergebnis ergibt. Nun bin ich getrennt, geteilt. Ich bin aber nicht wieder eine 2, sondern vielleicht eine 11, oder eher eine 8. Auf jeden Fall aber mehr als eine 2, denn das Leben mit Christiane hat mich verändert, bereichert, geprägt.

Nun möchte ich lernen, nicht als ein Abhängiger, sondern als ein von Christiane Geprägter zu leben. Das ist aller Voraussicht nach noch ein schwerer Weg, aber sicherlich ein lohnendes Ziel, das ich anstreben möchte. Ich wünsche mir, dass mein Leben, das Christiane so stark geprägt hat, weiterhin zum Segen für andere wird, dass ich wieder genießbar werde und das Leben als ein Geprägter gestalten und es selbst wieder genießen lerne.

Queimadas
22. Februar 2009

Gott, bete ich!

Das Leben geht weiter, schreibt man mir.
Doch was tun,
wenn bei dem Versuch, einfach weiterzuleben,
alltägliche Fragen sich ständig erheben
und mir Christiane dazu überall fehlt?

Das Leben neu gestalten, empfiehlt man mir.
Doch was tun,
wenn bei dem Versuch, einfach Neues zu wagen,
Kreativität und Motivation mir versagen
und mir die Energie dazu jetzt fehlt?

Neue Antworten für mein Leben, wünscht man mir.
Doch was tun,
wenn bei dem Versuch, einfach zu fragen,
meine Gedanken sich überschlagen
und mir der Durchblick dazu bisher fehlt?

Das Leben wird wieder lebenswert, sagt man mir.
Doch was tun,
wenn mir heute der Samstag so vertraut,
dem Tod am Freitag in die Augen geschaut
und mir das Zeugnis der Auferstehung am Sonntag
noch fehlt?

Gott! schreibe ich mir;
Gott! empfehle ich mir;
Gott! wünsche ich mir;
Gott! sage ich mir;
Gott! bete ich.

Queimadas
02. März 2009

Zwischenzeiten

(100 Tage ohne Christiane)

*Wie schön, wenn das Gegenteil von Abschied
immer gleich das Wiedersehen wäre!
Doch es gibt Zeiten, in denen es erst mal nur die
schmerzvolle Sehnsucht gibt.*

*Wie schön, wenn das Gegenteil von Festhalten
immer gleich das Loslassen wäre!
Doch es gibt Zeiten, in denen es erst mal nur das
vorsichtige Lockern gibt.*

*Wie schön, wenn das Gegenteil von Regen
immer gleich die Sonne wäre!
Doch es gibt Zeiten, in denen es erst mal nur die
schweren Wolken gibt.*

*Wie schön, wenn das Gegenteil von Trauer
immer gleich die Freude wäre!
Doch es gibt Zeiten, in denen es erst mal nur
versiegte Tränen gibt.*

*Wie schön, wenn das Gegenteil von Krankheit
immer gleich das Gesundsein wäre!
Doch es gibt Zeiten, in denen es erst mal nur
ein langsames Heilen gibt.*

*Wie schön, wenn das Gegenteil von Dunkelheit
immer gleich das Licht wäre!
Doch es gibt Zeiten, in denen es erst mal nur
den kleinen Lichtblick gibt.*

*Wie schön, wenn das Gegenteil von Ausweglosigkeit
immer gleich die Hoffnung wäre!
Doch es gibt Zeiten, in denen es erst mal nur
das mutige Nicht-Aufgeben gibt.*

*Wie schön, wenn das Gegenteil von Frage
immer gleich die Antwort wäre!
Doch es gibt Zeiten, in denen es erst mal nur
das hilflose Fragen gibt.*

*Wie schön, wenn das Gegenteil von Schwäche
immer gleich die Stärke wäre!
Doch es gibt Zeiten, in denen es erst mal nur
das erschöpfte Anlehnen gibt.*

*Wie schön, wenn das Gegenteil von Anklage
immer gleich die Dankbarkeit wäre!
Doch es gibt Zeiten, in denen es erst mal nur
das vertrauensvolle Annehmen gibt.*

*Wie schön, wenn das Gegenteil von Vorwurf
immer gleich das Loben wäre!
Doch es gibt Zeiten, in denen es erst mal nur
die unbequeme Stille gibt.*

*Wie schön, wenn das Gegenteil von Liegen
immer gleich das Stehen wäre!
Doch es gibt Zeiten, in denen es erst mal nur
das aufrechte Sitzen gibt.*

Wie schön, wenn das Gegenteil von Stehen
immer gleich das Laufen wäre!
Doch es gibt Zeiten, in denen es erst mal nur
das unsichere Wanken gibt.

Wie schön, wenn das Gegenteil von Niederlage
immer gleich das Siegen wäre!
Doch es gibt Zeiten, in denen es erst mal nur
das harte Kämpfen gibt.

Wie schön, wenn das Gegenteil von Suchen
immer gleich das Finden wäre!
Doch es gibt Zeiten, in denen es erst mal nur
das vertrauensvolle Weitersuchen gibt.

Wie schön, wenn das Gegenteil von Tod
immer gleich die Auferstehung wäre!
Aber es gab auch bei Jesus den Samstag,
zwischen Karfreitag und Ostersonntag,
der einfach erst mal ausgehalten werden musste.

Wie schön,
dass Gott diese Zwischenzeiten mit uns aushält!

Queimadas
17. März 2009

Schatz

Wo ist mein Schatz?

In meinem Herzen
liebevoll geborgen.

Wo ist mein Herz?

Bei meinem Schatz
in der Unsichtbarkeit verborgen.

Ein Kreislauf voller Schmerzen,
voller Fragen, voller Sorgen.

Wo ist mein Schatz?

Bei meinem Gott
in der Ewigkeit verborgen.

Wo ist mein Herz?

Bei meinem Gott,
wo mein Schatz liebevoll geborgen.

Ein Weg voller Trost
in allen Fragen, in allen Sorgen

an jedem neuen Morgen!

Queimadas
25. März 2009

Vermissen

Schon zu deinen Erdenzeiten mussten wir uns oft trennen,
doch ein Gruß von dir brachte in mir
mein Herz immer wieder neu zum Brennen.
Durch deine Zeichen in meiner Tasche ließest du mich wissen:
„Mein geliebter Mann, ich werde dich vermissen."
Das tat mir gut und es kribbelte in meinem Bauch,
denn ich dachte liebevoll: „Mein Schatz, ich dich auch."

Nun mache ich wieder dieselben Fahrten,
doch ich habe als Gruß von dir jetzt bei mir
nur deine liebevollen, aber alten Karten.
So frage ich mit einem schweren Knoten im Bauch
ganz vorsichtig: „Vermisst du mich heute auch?"
Ich wünsche es mir sehr, als Trost, von ganzem Herzen,
denn es gäbe mir die Hoffnung auf ein Vermissen ohne Schmerzen.

Queimadas 26. März 2009

Inzwischen hat unser Alltag eine für mich schier erschreckende Normalität eingeschlagen und es bleibt mir nichts anderes übrig, als ihn zu gestalten und mich der Herausforderung zu stellen.

Hannah, eine Kurzzeitmitarbeiterin der Mission, ist nun seit vier Woche bei uns hier in Queimadas und ist uns eine große Hilfe. Sie ist tapfer und tüchtig, kocht sehr gut und abwechslungsreich und beschäftigt sich viel mit den Kindern. Für Rebeca und Samuel geht das Leben so seinen gewohnten Gang mit Schule, Spielen mit den Freunden und den gemeinsamen Abenden. Rebeca schlägt sich mit dem Gedanken rum, sich zwei weitere Ohrlöcher stechen zu lassen und welches Shampoo das beste für ihre Haare ist. Auch die Pubertät schlägt schon voll bei ihr durch und ich stehe oft vor der Frage, was ist Phase und was muss geleitet oder geprägt werden. Bei Samuel ist das Duschen, Schneiden der Fingernägel und der Haare immer wieder Verhandlungssache (bei den Haaren habe ich erst mal aufgegeben). Beide sind fröhlich, Mama ist weiterhin kein Thema und ich spüre von ihnen kein großes Mitgefühl, was mein Leiden und Vermissen von Christiane angeht. Ich bin sehr dankbar, dass wir bisher keine größeren Auseinandersetzungen hatten, dass das Fernsehen keine größeren Konflikte provoziert und das Klima freundlich ist.

Meine Herausforderungen im Alltag gestalten sich weiterhin sehr abwechslungsreich. So stehe ich in diesem Jahr vor großen finanziellen Herausforderungen in der Indianergenossenschaft in Queimadas, denn die Maisernte ist wegen der großen Trockenheit im November und Dezember nicht gut ausgefallen und jetzt, beim Ernten, hat es viel und lange geregnet. Nun steht die Sojaernte an und wir hoffen, dass wir da wenigstens etwas vom Verlust abfangen können, um neue Kredite für das neue Pflanzjahr zu bekommen.

In Queimadas hatten wir vor zwei Wochen ein sehr schönes Gemeindefest, zu dem Besucher mit Bussen aus zwei anderen Reservaten angereist waren. Es gab viel Musik, Zeugnisse der 12 Täuflinge, Sonne, Regen und das übliche gemeinsame Essen. Als Nächstes ist über Ostern eine Jugendfreizeit in Queimadas geplant und Anfang Mai ein großes Gemeindefest in Marrecas mit Taufe. Dies alles ist mit vielen Fahrten verbunden, sodass ich in diesem Monat schon wieder knapp 4.000 km mit unserem neuen Land Rover Defender unterwegs gewesen bin. Wenn ich nach einer langen und anstrengenden Reise oft sehr spät in der Nacht wieder nach Hause komme, erwartet mich nur ein kaltes und leeres Bett, ganz anders als früher, als mir so viel Wärme, Erwartung, Verständnis, Geborgenheit und Liebe entgegenkamen. Das fehlt mir sehr und ich frage mich, ob ich mich an diesen scheinbar immer normaler werdenden Alltag je gewöhnen werde oder möchte. Es wird mir immer „mehr" bewusst, wie gut Christiane zu mir gepasst hat und wie sehr sich unser Lebensstil auf unser Miteinander ausgerichtet hatte.

Karfreitag
29. März 2009

Wie gewohnt

*Wie gewohnt wollen meine Augen sie betrachten.
Vater, hilf mir meine Augen zu schließen,
um ganz auf Dich zu achten.*

*Wie gewohnt wollen meine Hände sie berühren.
Vater, hilf mir meine Hände zu falten,
denn Du willst mich führen.*

*Wie gewohnt wollen meine Lippen sie küssen.
Vater, hilf mir mit meinen Lippen zu bekennen:
„Bei Dir alle Dinge zum Besten dienen müssen."*

*Wie gewohnt will mein Körper sich in ihrer Liebe
versenken.
Vater, hilf mir meinen Körper vor Dir zu beugen,
denn Du wirst Freude neu mir schenken.*

*Wie gewohnt wollen meine Gedanken um sie kreisen.
Vater, hilf mir, meine Gedanken zu beten,
denn nur Du kannst mir den Weg weisen.*

Samstag
4. April 2009

Schmerzlicher Singular

Durch die Liebe
wurde aus ICH und DU – ein WIR
wurde aus MEIN und DEIN – ein UNSER
wurde aus MIR und DIR – ein UNS
wurde aus MANN und FRAU – ein PAAR.

Durch die Liebe
wurde das WIR zu einer Sprache
wird das UNSER zu einem Weg
wurde das UNS zu einem Geschenk
wurde das PAAR zu einem Genuss

Durch den Tod
wird aus dem WIR nun wieder ein ICH?
wird aus dem UNSER nun wieder ein MEIN?
wird aus dem UNS nun wieder ein MIR?
wird aus dem PAAR nun wieder ein MANN?

Durch Dich, Vater
will ich lernen neu zu sprechen!
will ich lernen neu den Weg zu gehen!
will ich lernen mich neu zu beschenken!
will ich lernen neu zu genießen!

Samstag
10. April 2009

Das ganze Ostergeschehen steht in diesem Jahr in einem für mich ganz neuen Licht. Jeder einzelne der drei Tage hat eine ganz eigene Bedeutung für mich bekommen.

Der Todestag Jesu und die Zeit unmittelbar davor ist geprägt von einer außerordentlichen Aktivität. Es dreht sich alles um den Sterbenden. Es werden keine Mühen gescheut. Es wird überlegt, verhandelt und gehandelt.

Entscheidungen werden abgewogen, verschoben und getroffen. Viele Wege werden gegangen, Gespräche geführt und logistisch einiges auf die Beine gestellt. Jeder in der Stadt merkt, dass etwas Außerordentliches geschieht. Betroffene sind betroffen, Neugierige sind neugierig, Unbeteiligte warten einfach ab. Spötter spotten und Verantwortliche und Ausführende tun, was getan werden muss. Und inmitten dieser ganzen Aktivität ist immer wieder die Erkenntnis der menschlichen Ohnmacht und Hilflosigkeit zu spüren. Das Erleben, dass bei aller Aktivität die Entwicklung doch ihren eigenen Lauf nimmt, aus den Händen gleitet und eine unvorhersehbare Eigendynamik bekommt. Das führt dazu, dass einige weiter auf ein Wunder hoffen, andere aufgeben, resignieren und davonlaufen. Einige schützen sich hinter ihrem Spott, andere wiederum schweigen. Aber alle merken, hier geschieht etwas Außergewöhnliches. Etwas, was sich unserem Einfluss entzieht. Hier wird eine Schwelle überschritten, die alle menschliche Machbarkeit in ihre Grenzen weist und uns bei aller Aktivität deutlich macht, dass sich das Überschreiten der Todesschwelle unserem Einfluss entzieht. Es wird erkannt, dass lebende Menschen die Sterbenden nicht über diese Schwelle begleiten können. Wir können ihnen in diesem Augenblick zwar sehr nahe sein, wir können sie in den Armen halten, wir können sie an uns drücken, wir können sie zärtlich berühren, eine stille Träne wegküssen, ihnen liebe Worte sagen und mit ihnen beten, aber begleiten können wir sie nicht. Wir können nur zusehen, wie sie die letzten für uns Lebende wahrnehmbaren Zeichen senden. Wie sich ihre Augen für ein letztes Mal öffnen und nicht mehr schließen. Wie ihr Atem immer flacher wird, um dann, zum letzten Mal, kurz ausgehaucht zu werden. Wir können die Luft mit anhalten, in der Hoffnung, dass sie noch mal atmen, aber begleiten können wir sie nicht. Eine schmerzliche Erkenntnis. Wie gerne würden wir noch ein Stückchen weiter mitgehen. Aber es bleibt uns nur die Möglichkeit, ihnen nachzusehen. Zu sehen, wie sich dann alles bei ihnen entspannt, wie ein Abspringen und ein Sich-Fallenlassen. Wie ein zärtliches Entgleiten oder ein liebevolles Abgeholtwerden. Der ganze Schmerz und die ganze Hässlichkeit des Todes, die noch vor Kurzem so unleugbar zu sehen war, wird verwandelt.

So widersprüchlich das auch klingt, im Angesicht des Todes können wir die Unsterblichkeit sehen. Der Tod, der alles beenden will, muss in seiner stärksten Stunde bekennen: „Es gibt das ewige Leben!" Das muss Befreiung sein. Erlösung im wahrsten Sinne des Wortes.

Wenn man, wie ich, das Vorrecht hatte, diese letzte

Hochzeit in Marburg – 14. Januar 1995

Die Familie wächst – Rebeca – Juli 1997

Mit Rebeca und Samuel – 2000

Familie unter den Kaingang

Beziehungen unter den Kaingang

Gottes Wirken unter den Kaingang

Mit den Eltern Hery als Team unter den Kaingang – 2002

12. Hochzeitstag – 14. Januar 2007

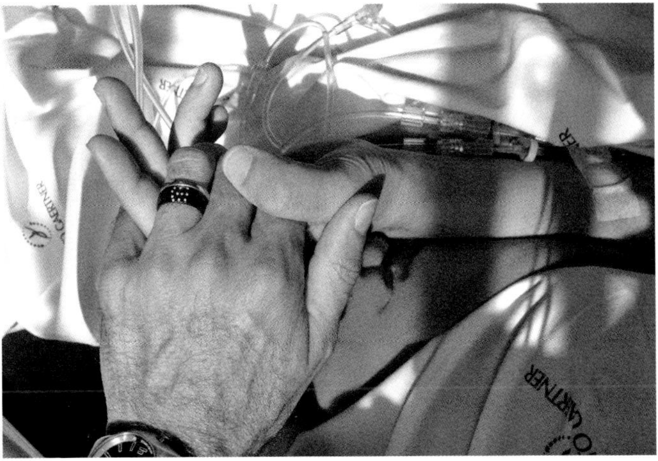

Erste OP – 22. November 2007

Nach den ersten Chemoeinheiten – Weihnachten 2007

18. Februar 2008

Nach der überstandenen Chemotherapie – 16. Mai 2008

„Dumbofahren“ im letzten Familienurlaub – 22. Juli 2008

Viele, viele liebe Geburtstagsgrüße zum 40.
– 22. September 2008

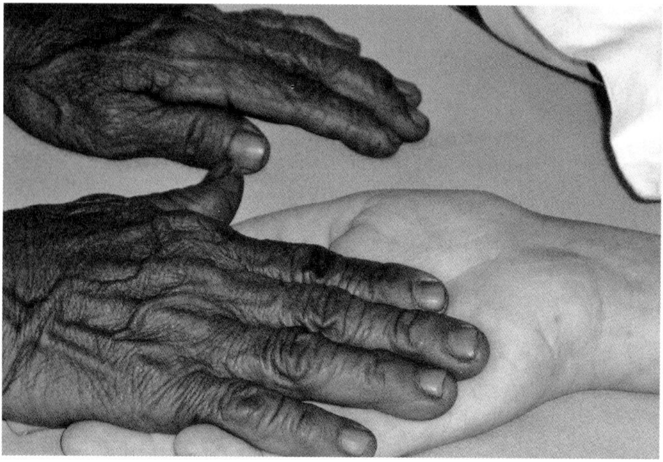

Stille Besuche in Queimadas – 18. November 2008

Für die Todesanzeige – 22. November 2008

Karte für die Beerdigung – 23. November 2008

Verabschiedung zu Hause – 23. November 2008

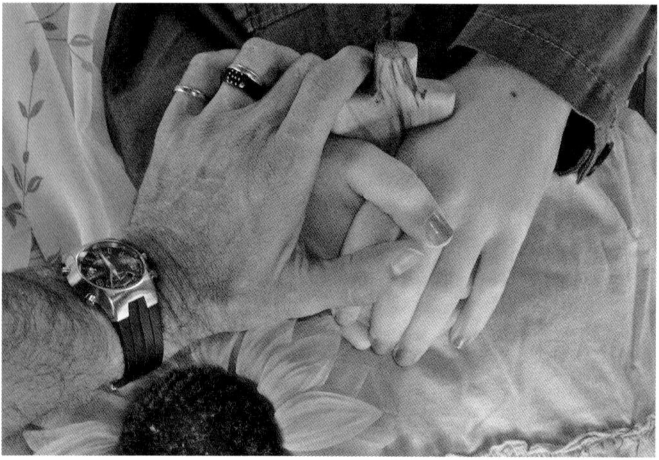

Letzte Berührung – 23. November 2008

Meine Eltern kommen zu Weihnachten nach Queimadas – Dezember 2008

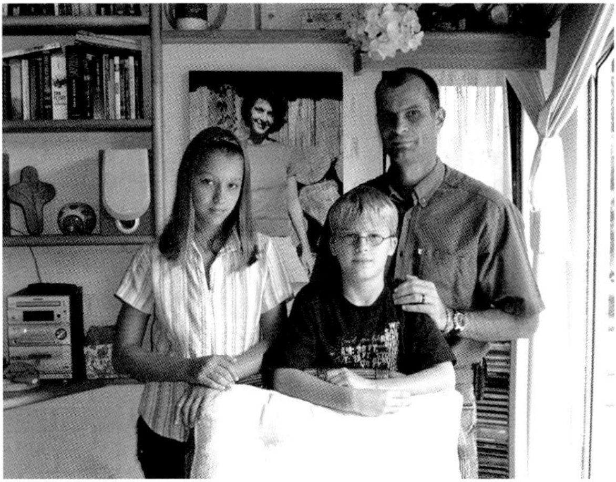

Erstes neues Familienfoto für unsere Freunde
„ohne" Christiane – 23. Januar 2009

Grabgestaltung zu Christianes Geburtstag – 31. August 2009

Erinnerungen an Christianes letzte Geburtstage – 22. September 2005 – Meine Studenten zu Besuch in Queimadas

Erinnerungen an Christianes letzte Geburtstage – 22. September 2006 – Urlaub zu zweit

Erinnerungen an Christianes letzte Geburtstage – 22. September 2007 – Überraschung der Kaingang in Queimadas

Erinnerungen an Christianes letzte Geburtstage – 22. September 2008 – Gemischte Gefühle

Schmerzliche Gegenwart – 22. September 2009

Gottes Zuspruch an Christianes erstem Todestag:
Weine nicht! – 22. November 2009

Familienurlaub – Dezember 2009

Eipeen und Christiane – 26. September 2007

17. Juli 2010

12. April 2012

Wegstrecke so zu erleben, bekommt der Satz: „Sie hat es nun geschafft!“ eine nie vorher da gewesene Tiefe. Es ist kein billiger Trost, sondern eine übermenschliche Wahrheit. Eine Wahrheit, die sich unserem menschlichen Einfluss entzieht. Wohl dem, der weiß, dass es eine Hand gibt, an der die Schwelle des Todes überschritten werden kann. Nicht unsere, sondern Gottes Hand!

Jesus wusste es!

Christiane wusste es!

Für uns jedoch, die wir zurückblieben, die wir die Schwelle der Erlösung noch nicht mit überschreiten konnten, für uns bleibt an diesem Tag des Todes erst mal nur ein schmerzliches Loslassen.

Schmerzliches Loslassen

als der letzte strahlende Blick erloschen ist;
als die letzte salzige Träne geweint ist;
als das letzte liebende Wort verstummt;
als der letzte sanfte Händedruck erschlafft;
als der letzte zarte Kuss unerwidert bleibt;
als der letzte lebendige Atem ausgehaucht ist;
als die warme Haut langsam erkaltet!

Samstag
11. April 2009

Die Zeit unmittelbar nach dem Tod eines geliebten Menschen ist geprägt von einem nie da gewesenen Gefühl der Farblosigkeit, der Leere und Ausweglosigkeit. Die körperlichen Symptome sind nur schwer zu vermitteln. Man fühlt sich wie ein volles Glas, das bei jeder leichten Bewegung überschwappt.

Erinnerungen sind keine Geschenke, sondern Stacheln. Der Trost auf das Wiedersehen in der Ewigkeit ist ewig weit weg. Die oft widersprüchlichen Wünsche nach Nähe und Distanz, nach Gesellschaft und Alleinsein, nach Trost und Nicht-getröstet-werden-Können, nach Reden und Schweigen, nach Davonlaufen und Liegenbleiben, nach Stark-sein-Wollen und Schwach-sein-Dürfen, nach Gott und Menschen, sind so stark, dass man in der Gefahr steht, an sich selbst zu zweifeln. Wo ist der Glaube hin? Die Stärke, der Lebensmut, das Vertrauen? – Ausgerissen? Mit begraben? Zerstört?

Es ist eine sehr unbequeme Zeit. Antworten gibt es keine. Keinen sichtbaren Weg. Keinen greifbaren Trost. Keinen Ausblick. Wer möchte das schon lange aushalten? Wer möchte das schon lange mit uns aushalten? Sind wir bereit, das mit einem anderen auszuhalten?

Man steht in dieser Zeit in der Gefahr, nach Antworten zu suchen, ohne die richtigen Fragen zu stellen. Man sucht nach Wegen, ohne eine gute Richtung. Man sucht Trost, der nicht in die Zukunft weist. Man möchte den Ausweg, lässt aber den Tränen nicht die Zeit zum Trocknen.

Das wiederum ist frustrierend. Man findet zunächst keine zufriedenstellenden Antworten. Man bewegt sich scheinbar im Kreis. Der selbst gesuchte Trost nährt nur das Bedürfnis nach mehr Trost. Der Ausblick ist verschwommen.

Könnte das vielleicht ein Grund dafür sein, dass Menschen in dieser Zeit aufhören zu fragen? Dass sie ihren Weg alleine gehen wollen oder müssen? Dass sie nicht viel von sich mitteilen? Dass der Einblick ihnen unangenehm ist? Es ist für mich bezeichnend, dass selbst die Bibel über den Samstag nach der Kreuzigung nicht sehr viel weitergibt. Wir finden keine starken Jünger, die im Vertrauen auf die Auferstehung warten. Keine mutmachenden Zeugnisse. Keine getrösteten Kinder Gottes. Passt das in unser Bild? Wie passt das in unsere Botschaft? Passen solche Menschen in unsere Gemeinden? Halten wir das aus? Hält das jemand mit uns aus?

Der Schlüssel für den Samstag ist für mich erst mal ein auswegloses Aushalten!

Erst mal ein auswegloses Aushalten dieser Zeit in der Gemeinschaft!

Erst mal ein auswegloses Aushalten dieser Zeit in der Gemeinschaft von Menschen, die mit uns auf dem Weg sind!

Erst mal ein Aushalten dieser Zeit in der Gemeinschaft von Menschen, die mit uns auf dem Weg sind, bis der Auferstandene sich uns selbst wieder neu offenbart! Ohne zu wissen, wann und wo!

Auswegloses Aushalten, wenn mir die Erinnerung bleibt.

Auswegloses Aushalten

die Erinnerung an ihre strahlenden Blicke;
die Erinnerung an ihre salzigen Tränen;
die Erinnerung an ihre liebenden Worte;
die Erinnerung an ihren sanften Händedruck;
die Erinnerung an ihre zarten Küsse;
die Erinnerung an ihr lebendiges Atmen;
die Erinnerung an ihre warme Haut!

Ostersonntag 12. April 2009

Er ist auferstanden! Er ist wahrhaftig auferstanden! Der Tod ist überwunden! Ewiges Leben! Was für eine Botschaft! An der gibt es nichts zu rütteln und sie kann durch nichts rückgängig gemacht werden.

Mir ist jedoch aufgefallen, dass der Ostersonntag erst mal so beginnt, wie der Samstag aufgehört hat. Trauer, Fragen, Unglauben, Angst und weitere Enttäuschungen. Selbst die ungeheuerliche Botschaft der Auferstehung wird zunächst über Dritte an die Jünger weitergegeben. Keine Posaunen, keine Fahnen, keine Pressekonferenz. Meine Gedanken beginnen zu kreisen und ich frage mich: Wo ist Jesus nach seiner Auferstehung hingegangen? Warum schweift er umher und gibt sich nicht gleich zu erkennen? Was hatte er so Wichtiges zu tun, dass er sich nicht die Zeit nimmt, sich seinen traurigen, fragenden, verunsicherten und ängstlichen Freunden schnellstmöglich zu offenbaren. Wenn er doch den größten Sieg gerade errungen hat, warum geht er nicht zu ihnen und sagt: „So, das hätten wir nun hinter uns! Es ist geschafft und euer Leben wird von heute an ganz anders. Nichts wird euch nun mehr aus dem Gleichgewicht bringen, denn ihr habt an mir gesehen, wozu Gott in der Lage ist. Ich weiß, es war eine schwere Zeit für euch, aber nun bin ich wieder auferstanden und es ist alles überwunden." Ich weiß, ich darf nicht so fragen, denn Gottes Gedanken sind nicht meine Gedanken und ich habe nicht das Zeug dazu, Gott zu hinterfragen. Dennoch darf ich mir erst mal meine Gedanken machen und dabei davon ausgehen, was ich denken kann und mir wünsche.

Oder vielleicht sollten wir uns klarmachen, was wir von der Kanzel immer predigen: Jesus ist auferstanden, also ist doch alles klar. Er hat den Tod überwunden, also müssen wir uns keine Sorgen mehr machen. In seiner Kraft sind auch wir stark und gehen fröhlich und dankbar als seine Kinder durch diese Welt.

Mir fällt auf, dass Jesus sehr behutsam mit seinen verletzten Freunden umgeht. Er hat zwar die stärkste Botschaft der Befreiung in der Hand, geht aber ganz sachte damit um. Behutsam und vorsichtig heißt nicht ängstlich oder schwach. Er gibt sich vorsichtig zu erkennen: mit einem Blick, mit einem Wort, mit einer Geste. Nichts Aufdringliches, nichts Forderndes. Viel Liebe, Verständnis und Heilung. So geht Jesus an seinem Auferstehungstag in all seiner Macht mit schwachen, verunsicherten, ängstlichen, verletzten Menschen um. Das schafft den nötigen Raum für Vertrauen, Glaube und Hoffnung, was wiederum von der direkten Beziehung zu ihm lebt.

Diese zarte, vorsichtige und behutsame Offenbarung des Auferstandenen schafft auf den Gräbern unseres Lebens wieder Raum für neue Blumen, neue Farben, neue Formen, neue Gerüche.

Schmerzliches Loslassen

der letzte strahlende Blick ist erloschen;
die letzte salzige Träne ist geweint;
das letzte liebende Wort ist verstummt;
der letzte sanfte Händedruck ist erschlafft;
der letzte zarte Kuss bleibt unerwidert;
der letzte lebendige Atem ist ausgehaucht;
die warme Haut ist langsam erkaltet!

Ausweglos Aushalten

was bleibt, ist die Erinnerung an ihre strahlenden Blicke;
was bleibt, ist die Erinnerung an ihre salzigen Tränen;
was bleibt, ist die Erinnerung an ihre liebenden Worte;
was bleibt, ist die Erinnerung an ihren sanften Händedruck;
was bleibt, ist die Erinnerung an ihre zarten Küsse;
was bleibt, ist die Erinnerung an ihr lebendiges Atmen;
was bleibt, ist die Erinnerung an ihre warme Haut!

Vertrauensvolles Annehmen,

wenn sein strahlender Blick mich trifft!
wenn sein liebendes Wort mich erreicht!
wenn sein lebendiger Atem mich berührt!
wenn seine Auferstehung uns betrifft!

Queimadas
14. April 2009

Auch wenn

*Auch wenn deine Auferstehung zum Leben
für mich heute hier auf Erden
erst mal bedeutet: den Tod zu erleben;*

*auch wenn dein überwundener Schmerz
für mich heute hier auf Erden
erst mal bedeutet: ein verwundetes Herz;*

*auch wenn dein nun erfülltes Sehnen
für mich heute hier auf Erden
erst mal bedeutet: viele vergossene Tränen;*

*auch wenn deine ungetrübte Gemeinschaft
für mich heute hier auf Erden
erst mal bedeutet: einsame Wanderschaft;*

*freue ich mich;
für dich;
denn ich liebe dich!*

Ostersonntag
18. April 2009

Auf dem Weg

Früher dachte ich,
Du hast einen Plan für unser Leben.
Alles ist von Dir gemacht
und absichtlich uns gegeben.

Doch wie kann aus Dir
Leid, Schmerz oder Tod entspringen,
wenn Du uns doch
Heil, Trost und Leben willst bringen?

Solltest Du etwa planend
in deinem großen Himmel sein,
um uns zu sagen:
Das ist für euch eine gute Pein?

Heute glaube ich
Du begleitest uns auf unseren Schritten.
Alles ist vor Dir bekannt
und wird liebevoll mit uns erlitten.

Wie der gute Hirte,
der nicht absichtlich dunkle Täler formt,
sondern sie durchschreitet
und an sein Ziel mit uns kommt.

Alle Dinge müssen uns zum Besten dienen,
daran halte ich weiterhin fest,
nicht weil Du alle Dinge so geplant,
sondern alles Leidvolle verwandeln wirst.

Ostersonntag
18. April 2009

Augenblicke

Es gibt Augenblicke,
in denen ganz alltägliche Gegenstände wie unter Strom stehen.
Wie ein Schlag trifft es die Fingerspitzen,
ein Prickeln geht bis in die Zehen.
Mein Herz schlägt schneller und der Magen zieht sich zusammen.
Ich schwitze, bin ganz benommen,
fühle mich wie in Flammen.

Eine Schublade beim Öffnen oder eine Tasche beim Schließen;
Ein Handtuch beim Herausnehmen oder eine CD beim Hineinlegen;
Eine Tasse beim Hinstellen oder eine Kerze beim Wegstellen;
Ein Taschentuch beim Aufhängen oder eine Hose beim Abnehmen;
Eine Schüssel beim Abwaschen oder eine Pfanne beim Abtrocknen;
Ein Schuh beim Anziehen oder ein Hemd beim Ausziehen;
Eine Zeitschrift beim Blättern oder eine Zahnbürste beim Putzen;
Ein Bett beim Aufdecken oder ein Kind beim Zudecken;

Nur kurze Augenblicke.

Und doch so intensiv und körperlich gespürt.
Ich denke ganz gerührt:
„Jetzt hast du mich berührt!“

Ich will all dies als liebevolle Zeichen von dir nehmen,
durch die du mich möchtest spüren lassen:
„Für dich gibt es Leben!“
Damit ermutigst du mich zu leben und willst weiter Zeichen senden,
als meine Liebe, die schon hält in ihren Händen:
unser Ewiges Leben!

Queimadas
01. Mai 2009

Und er hat gewollt,
dass die Menschen ihn suchen,
damit sie ihn vielleicht ertasten
und finden könnten.
Denn er ist ja jedem von uns ganz nahe.

Nicht weit

Wenn ich heute in den weiten Himmel schaue,
in dem angeblich Du über allen Dingen thronst,
ist es mir jetzt nicht der Trost, auf den ich baue,
mir vorzustellen, dass Du dort so ferne wohnst.

Wenn das Leben geht so seinen guten Lauf,
oder man selbst vielleicht nicht so betroffen,
tut es sich als beeindruckendes Bild uns auf,
es lässt sich gut darüber reden, laut und offen.

Doch wenn das Herz den Schmerz kaum kann mehr fassen,
man für sich um ein neues Bild muss ringen,
wollen die gängigen Gedanken nicht mehr so recht passen,
da diese Bilder viele Fragen mit sich bringen.

Wie kann dieser Gott, allmächtig, aber ferne,
ein verwundetes Herz in seinen Händen halten?
wie soll er an sich nehmen meine Träne,
aus der Ferne über meine Gefühle walten?

Natürlich kann man schnell beantworten alle diese Fragen,
indem man sagt: Gott ist von uns nicht zu verstehen.
Doch was hilft es meiner schwachen Seel, dieser armen,
dass sie noch die ganze Wahrheit kann nicht sehen?

Daher halte ich mich heute erst mal daran fest,
dass Du, Allmächtiger, hast verlassen Deinen Thron
und als Himmlischer Dich in meine Nähe setzt
durch Deinen zum Mensch gewordenen Sohn.

Bei mir Schwachem bestehst Du nicht auf Deiner Stärke,
sondern legst sie ab, all Deine Größe und Allmächtigkeit.
In Sanftmut, Liebe und Geduld willst Du, dass ich merke
Deine kleinen Zeichen, die mir sagen: „Ich bin nicht weit."

Queimadas
04. Mai 2009

Gestern bin ich wieder „übergeschwappt“, um bei dem Bild des vollen Glases zu bleiben, das mein inneres Gefühlsleben nach wie vor gut beschreibt. Es geschieht nicht mehr so oft, denn ich lerne immer besser, meine Hand schützend über das Glas zu halten. Es gibt jedoch Situationen, in denen mir meine Hände gebunden sind und die Tränen fließen.

Alles fing an auf den 300 langen Kilometern nach Marrecas. Die Erinnerung, dass ich vor einem Jahr mit Christiane zu diesem Gemeindefest mit anschließender Taufe gefahren bin, schmerzte sehr. Vor einem Jahr hatte sie gerade ihre erste Chemotherapie abgeschlossen und konnte erstmalig wieder mit zu einem solchen Fest fahren. Sie wurde eingeladen, etwas zu sagen, und konnte sich bei allen Anwesenden bedanken und bezeugen, dass Gott uns durchgetragen hatte. Es war ein schönes Fest!

So auch gestern. Ein schönes Fest mit vielen Gästen aus anderen Gemeinden, die Sonne schien, die Stimmung war fröhlich und auch wir aus Queimadas waren mit zwei Pkws angereist. Aber dieses Mal war Christiane nicht mehr dabei. Nie wieder wird sie bei solchen Festen dabei sein.

Da einige brasilianische Pastoren aus der Nachbarstadt eingeladen waren, wurden sie dazu eingeladen, etwas zu sagen, und der Gottesdienst wurde immer wieder zweisprachig. Als ich dann gebeten wurde zu predigen, war es um mich geschehen. Ich hatte mich für den Zuspruch Jesu „Friede sei mit euch!" am Ostersonntag entschieden. Ich versuchte die Situation der Jünger zu beschreiben, die von Jesus diesen Zuspruch erhielten. Es wurde eine Beschreibung meiner Situation. Und ich kam mir fehl am Platz vor. Ich hatte das Gefühl, wie ein Stachel zu sein, der die Versammlung dieser scheinbar so gesunden Menschen stört. Als einer mit einer Botschaft, die nicht so richtig hineinpassen möchte, wenn alles scheinbar nach Plan abläuft. Als einer, der das „Friede sei mit euch" von einer so unüblichen, ja vielleicht sogar unerwünschten Seite her ausspricht.

So wenig triumphierend und völlig unspektakulär. So ganz anders als meine brasilianischen „Kollegen". Ich hatte das Gefühl, geduldig ertragen zu werden.

Danach nahm ich wieder Platz und setzte mich dieser ganzen Freude, dem Singen und dem Preisen von Gottes Größe aus. Und es ging mir immer schlechter.

Irgendwann verließ ich den Gottesdienstplatz und setzte mich zu einem über Neunzigjährigen an seine Hütte. Sie liegt seitlich hinter der Kirche. Das ist seine „Kirchenbank". Von dort verfolgt er den Gottesdienst und kann immer wieder mal einnicken, wenn er zu müde wird. Es dauerte nicht lange, bis eine junge Frau zu mir kam, deren Vater vor etwa zwei Monaten gestorben war. Sie drückte mir die Hand und weinte. Kurze Zeit später kam ihre Mutter und legte mir ihre Hand auf die Schulter und wir weinten. Dann kam die Frau des Gemeindeleiters, deren knapp zweijähriger Sohn vor einigen Wochen verstorben war und legte ihren Kopf auf meinen und wir ließen unseren Tränen freien Lauf. Hier, am Rand der Gemeinde, an einer verrußten Hütte, im Hintergrund des geplanten Geschehens, abseits, ohne Mikrofon, ohne weit ausholende Gesten, ohne ausgefeilte Rhetorik, versammelte sich still und ungeplant eine trauernde Gemeinde und tröstete sich gegenseitig mit Berührungen und Worten, die irgendwie so gar nicht in das Gemeindefest passten. Keine Bühne, sondern Umarmungen. Kein Schmuck, sondern verrauchte Balken. Keine „Richtigkeiten", sondern Schluchzen und Erinnerungen. Keine lauten Töne, sondern schweigende Tränen. Immer wieder hieß es: „Letztes Jahr waren sie noch bei uns!" – „Wir werden sie einholen!" – „Gott wird uns unseren Kopf wieder leicht machen!"

Langsam versiegten die Tränen. Es wurde wieder Mut gefasst und wir gingen mit den anderen an den Fluss, wo acht Menschen getauft wurden. Ich konnte mich wieder mitfreuen.

Während der langen Rückfahrt machte ich mir so meine Gedanken und fragte mich: Warum finden Verletzte oft keinen Trost in unseren Gemeinden? Warum müssen sie sich zurückziehen, an eine im Hintergrund liegende Hütte, um Erleichterung zu finden? Sind wir Verletzten, im Gegensatz zu allen anderen, die Kranken? Warum wirkt die Botschaft in unseren Gemeinderäumen oft so routiniert, so richtig, so eingeübt oder nachgesagt, dass sie einen Leidenden nicht wirklich erreicht? Sind wir vielleicht wirklich nur eine „Ausnahmegruppe", auf die aus Rücksicht auf alle anderen nicht besonders eingegangen werden sollte? Soll ich darum beten, dass ich so schnell wie möglich „das alles" überstanden habe, um wieder „angenehm" zu werden, um wieder in die Gemeinde zu passen, um aus vollem Hals mitsingen und fest klatschen zu können?

Ich bin mir bewusst, dass ich in meiner momentanen Situation nicht in der Lage bin, die Dinge objektiv zu beurteilen und mir schon gar nicht das Recht herausnehmen darf, andere zu verurteilen.

Aber ich will mir den Schmerz von der Seele schreiben und Gott danken, dass es solche „Hütten" gibt.

Queimadas
06. Mai 2009

Der Alltag von Rebeca und Samuel ist geprägt von Schule und Spielen mit ihren Freunden. An den Wochenenden oder Feiertagen wird unser Allzweckraum oft zu einem Schlaflager und es muss immer wieder abgesprochen werden, wer welche und wie viele Freunde wann und wohin mitbringen und mitnehmen kann. So erleben sie schöne, ungezwungene und abwechslungsreiche Zeiten miteinander. Ich sehe mich in der Rolle dessen, der dafür sorgt, dass die Bedingungen geschaffen werden, in denen andere sich freuen können. Oft stehe ich selbst dann zwar scheinbar neben mir oder muss über meinen eigenen Schatten springen, aber ich möchte nicht meinen persönlichen Schmerz zur ständigen Belastung für andere werden lassen und übe mich darin, geschützte Räume und Formen zu finden und zu nutzen, in denen ich Zeit für mich habe und ganz bewusst meine Last aushalte. Das sind die Zeiten, in denen ich Gedichte schreibe.

Rebeca ist weiterhin sehr selbständig, ist gerne mit ihren Freundinnen zusammen, hat oft ihr eigenes Programm und ist ganz eingebunden in ihrer Tanzgruppe in der Gemeinde. Zurzeit bereitet sich die Fußballmannschaft der Indianermädchen ihrer Schule vor. Sie hat das Turnier der Schulen in Ortigueira gewonnen und ist nun eine Runde weiter. Rebecca wurde als Übersetzerin und Vermittlerin eingeladen, ihre Freundinnen dabei zu begleiten. Am Indianertag haben ihre Freundinnen Mari und Jo beim Wettrennen den ersten und zweiten Platz gemacht. Mathe ist zurzeit ein Thema und es scheint mit dem Lehrer nicht so zu klappen. Also steht demnächst ein „Eltern"-Gespräch für mich an.

Sie entwickelt sich weiterhin zu einem hübschen Mädchen, bedacht auf ihr Äußeres. Wenn sie mir morgens zum Abschied einen Kuss gibt, werde ich von einer duftenden Wolke umgeben, die mich während meiner Stillen Zeit noch begleitet. Das zweite Loch im Ohr ist zurzeit kein Thema mehr, dafür schmückt sie sich im Moment oft mit indianischem Schmuck, mit Federn und Samen. Wir kommen gut miteinander aus und ihr pubertierendes Verhalten macht mir auch noch keine Angst. Ich bitte Gott einfach immer wieder, dass er mir hilft, dass ich ihr ein guter Vater und männliches Vorbild sein kann.

Samuel ist nach wie vor der Anhänglichere, sucht eher meine Nähe und spielt gerne mit mir. Zurzeit ist Schach angesagt. Auch er hat seine Freunde und strolcht gerne den ganzen Nachmittag rum und die schönste Zeit scheint das Spielen in der Abenddämmerung zu sein, wenn sich oft um die 20 Kinder zum Verstecken ums Haus treffen. Er ist ein „richtiger" Junge, der immer irgendeine Schramme an den Füßen oder Beinen hat. Dieses Jahr musste er am Indianertag mit Schuhen laufen, denn ein Schnitt unter seinem Zeh war noch nicht richtig verheilt. Dennoch hat er den ersten Platz in seiner Altersgruppe gemacht. Eine Frage steht zurzeit für ihn im Raum: Was machen wir am Freitag, wenn in seiner Schule eine Aufführung zum Muttertag geplant ist und die Mütter dazu eingeladen sind. Die Kinder haben auch etwas gebastelt und wollen das Geschenk bei dieser Gelegenheit übergeben. Wenn die Mutter nicht kann, darf auch die Oma, der Vater oder die Tante kommen. Dass ich dieses Event kaum tränenlos überstehen werde, ist ihm peinlich. Er möchte aber auch nicht, dass jemand anderes kommt, weil er dann vielleicht Fragen beantworten müsste. Er möchte, wie die Indianer, nicht auffallen oder eine Sonderrolle spielen.

So stehen nun für mich im Mai, neben dem Muttertag, weitere Herausforderungen an. Aber alle Ereignisse, über die ich mich in all den Jahren immer sehr gefreut und die ich gerne mitgestaltet habe, werden ohne Christiane zu Herausforderungen, die mich viel Kraft kosten und innere Stärke fordern und alles, was sie zu den Ereignissen beigetragen hat, fehlt dann irgendwie. Für mich fühlt sich das nicht nur wie ein Loch an, sondern wie ein Abgrund, der mitten in unser Leben und unsere Gemeinschaft hineingerissen wurde. Dieser Abgrund kann nicht einfach aufgeschüttet oder an unseren Lebensrand geschoben werden, wo er kein so großes Hindernis mehr darstellen würde. Er kann nur schwer umgangen werden und ich habe das Gefühl, immer wieder nur Balken darüberlegen zu können, auf denen ich mich schwankend hinüberbewegen kann.

Auch wenn die Entwicklung der letzten neun Monate noch nicht in die Geburt eines neuen Lebens gemündet ist, wechselt die Auseinandersetzung mit dem Tod immer mehr zu einer Beschäftigung mit dem Leben. Ein Leben, das dem Schmerz des Verlustes um

Christiane immer mehr einen Platz zuweist, und ich übe mich darin, damit umzugehen. Ich fühle mich ungefähr so wie nach einer Amputation. Die Schmerzen der OP lassen nach und die Narbe ist langsam am Verheilen. Nun geht es darum zu lernen, mit dieser Amputation zu leben. Das ist eine andere Art von Schmerz. Irgendwie rationaler und persönlicher. Scheinbar tiefer und anhaltender, ein steiniger, kurvenreicher Weg.

Eine der Kurven auf diesem Weg, die jetzt hinter uns liegt, ist die Zeit mit Hannah. Der Abschied ist nicht leichtgefallen, denn auch für sie heißt es loszulassen und sich auf einen neuen Lebensabschnitt im Marburger Bibelseminar einzulassen.

Sie wurde ganz lieb in der Kainganggemeinde in einem besonderen Gottesdienst mit anschließendem Essen verabschiedet und wir haben nur zu danken für ihre Bereitschaft, sich für diese fünf Monate auf unser Umfeld eingelassen zu haben.

Mit Renate Wick liegt nun ein neuer Wegabschnitt vor uns. Auch sie hat sich bereit erklärt, sich auf unser Umfeld hier in Queimadas einzulassen, und hat viel Bereitschaft mitgebracht, Neues zu lernen. Sie kommt aus dem Frankenland, ist Ärztin und ist für ein Jahr aus ihrer Arbeit ausgestiegen, um sich neu zu orientieren. Sie hat geplant, bis Mitte Dezember bei uns zu sein.

Einer der Steine auf diesem Weg ist zurzeit die Verunsicherung wegen der sogenannten Schweinegrippe. Wegen der angeblichen Ansteckungsgefahr herrscht ein mittleres Chaos in den Schulen. Erst wurden alle Kinder nach Hause geschickt.

Nach einer Woche wurde der Unterricht wieder aufgenommen, und jetzt hat die Stadt entschieden, dass alle Kinder aus der Grundschule bis Ende des Monats zu Hause bleiben sollen, denn man hätte nicht die Mittel, um die nötigen Schutzmaßnahmen zu ergreifen. Alle staatlichen Schulen jedoch (Kinder ab der fünften Klasse) haben weiterhin Unterricht, denn dort hat man das Geld. Es fährt jedoch kein Schulbus, denn der Transport wird von der Stadt organisiert. Faktisch bedeutet das, dass kaum Kinder zur Schule können, denn sie sind auf den Bus angewiesen. Was dies am Ende des Jahres für die schulische Entwicklung der Kinder bedeutet, kann im Augenblick keiner sagen. Dass in dieser Zeit Rebeca eine Nebenhöhlenentzündung mit starken Kopfschmerzen, Samuel eine Halsentzündung mit Fieber und Renate eine starke Erkältung hatten, trägt natürlich auch seinen Teil zu diesem steinigen Weg bei.

Eine der Unwegsamkeiten auf diesem Weg ist nach wie vor die finanzielle Herausforderung, das schlechte Landwirtschaftsjahr und der sinkende Wechselkurs mit all den Folgen der weltweiten Krise. Dies alles abzufangen, wenn man für Gehälter, Kredite und die allgemeinen Finanzen verschiedener Arbeitsfelder der Mission verantwortlich ist, stellt mich vor eine riesige Herausforderung. Auch die ständige Auseinandersetzung mit den Problemen der Menschen in den unterschiedlichen Gemeinden und Reservaten ist ernüchternd und macht auf die Dauer müde. Gerade hier fehlt mir Christiane sehr, denn sie war immer die erste Anlaufstelle für mich. Ihr musste ich nicht viel erklären, um mich verstanden zu fühlen, Entlastung zu erleben und Hilfe zu bekommen.

Unser mitunter unwegsamer, steiniger und kurvenreicher Weg führt uns jedoch auch immer wieder an Landschaften vorbei, die uns dazu ermutigen, uns ein wenig umzuschauen. Dann wird uns klar, dass es sich lohnt, auf dem Weg zu bleiben, denn wir sind nicht allein.

In mir ist es nun ruhiger geworden und ich werde meinen Weg unter den Kaingang so lange weitergehen, bis eine Veränderung vernünftig scheint oder sich uns aufzwingt. Ich würde gern nächstes Jahr nach Deutschland kommen, nicht um mich von der Missionsarbeit zu verabschieden, sondern um im Vertrauen und in der Gewissheit darauf, dass uns unser mitunter unwegsamer, steiniger und kurvenreicher Weg in die ewige Gemeinschaft mit Gott und unsere Lieben führt, diesen eingeschlagenen Pfad weiterzugehen.

Queimadas
10. Mai 2009

Ewigkeit

Keine schmerzvolle Gegenwart mehr tragen:
kein Vermissen der Vergangenheit;
keine Zukunft voller ungewisser Fragen;
so wird das Leben in der Ewigkeit!

Das Heute schrittweise als Getrösteter gehen;
mein Gestern verstehen als geschenkte Zeit;
dem Morgen voller Vertrauen ins Auge sehen;
das sind mir schon Vorzeichen dieser Ewigkeit!

Wenn ich heute in den weiten Himmel schaue,
in dem angeblich Du über allen Dingen thronst,
ist es mir jetzt nicht der Trost, auf den ich baue,
mir vorzustellen, dass Du dort so ferne wohnst.

Wenn das Leben geht so seinen guten Lauf,
oder man selbst vielleicht nicht so betroffen,
tut es sich als beeindruckendes Bild uns auf,
es lässt sich gut darüber reden, laut und offen.

Doch wenn das Herz den Schmerz kaum kann mehr fassen,
man für sich um ein neues Bild muss ringen,
wollen die gängigen Gedanken nicht mehr so recht passen,
da diese Bilder viele Fragen mit sich bringen.

Wie kann dieser Gott, allmächtig, aber ferne,
ein verwundetes Herz in seinen Händen halten?
wie soll er an sich nehmen meine Träne,
aus der Ferne über meine Gefühle walten?

Natürlich kann man schnell beantworten alle diese Fragen,
indem man sagt: Gott ist von uns nicht zu verstehen.
Doch was hilft es meiner schwachen Seel, dieser armen,
dass sie noch die ganze Wahrheit kann nicht sehen?

Daher halte ich mich heute erst mal daran fest,
dass Du, Allmächtiger, hast verlassen Deinen Thron
und als Himmlischer Dich in meine Nähe setzt
durch Deinen zum Mensch gewordenen Sohn.

Bei mir Schwachem bestehst Du nicht auf Deiner Stärke,
sondern legst sie ab, all Deine Größe und Allmächtigkeit.
In Sanftmut, Liebe und Geduld willst Du, dass ich merke
Deine kleinen Zeichen, die mir sagen: „Ich bin nicht weit.“

Queimadas
17. Mai 2009

Fragen

*Wenn unsere Fragen scheinbar ohne Antwort bleiben,
sie Gott in Frage stellen wollen, uns bringen in Gefahr,
spätesten dann müssen wir hinterfragen unsere Fragen,
damit wir uns nicht selbst geben Antworten, die nicht wahr.*

*Könnte es sein, dass eine Menge unserer Fragen
wie die nach dem Warum, Was oder dem geheiligten Wozu
letztendlich erst mal müssen ohne Antworten bleiben
weil sie nicht gut gestellt und dadurch bringen keine Ruh?*

*Welche Antworten würden wir auf die Fragen geben:
Ist Liebe länger als ein Hemd? Ist Grün eckig oder rund?
Sicherlich, grammatikalisch sind es richtige Fragen,
doch erstaunt schließen wir erst einmal den Mund.*

*Bei dem Versuch, auf diese Fragen einzugehen,
müssten wir uns Gedanken machen über vielerlei Ding.
Ohne das Verständnis von den Farben oder Formen
wäre jede Antwort schwer verständlich, ja, ohne Sinn.*

*Ich glaube, Gott geht es so mit vielen unserer Fragen.
Wir achten zwar auf die grammatikalische Richtigkeit,
inhaltlich jedoch passen sie nicht so recht zusammen,
ihre Komplexität können wir nur erfassen in der Ewigkeit.*

*So möchte ich lernen zu hinterfragen meine Fragen,
vielleicht weniger nach dem Warum, Was oder Wozu.
Gute Fragen stellen, die mich näher zu Gott bringen,
damit in Seinen Aussagen meine Seele finde Ruh.*

Queimadas
22. Mai 2009

Maigedanken

Hast du deinen Hals auch gut gewaschen?
Sind gerichtet für die Schule alle Sachen?
Ist dir ohne Pullover jetzt nicht kalt?
Sollte nicht etwas an deine Füße bald?
Hast du etwas von dem Salat gegessen?
Wo hast du denn nur wieder gesessen?
Ist die Hose schon zu kurz?
Welche Creme wird benutzt?
Auch die Frage nach dem rechten BH
oder sollte geschnitten werden das Haar?

Christiane hatte in liebevoller Verantwortung
gegeben diesen Dingen ihre mütterliche Beachtung.
Und ich habe, um sie damit gelegentlich zu necken,
damals die Kinder sogar davor in Schutz genommen.
Ein wenig Dreck wird schon nicht schaden,
es ist doch gar nicht Samstag, warum baden?
Ein paar gute Narben braucht der Mann.
Wenn Mama friert, dann zieh was an.

Heute stell ich all diese Fragen,
um diese Verantwortung nun zu tragen.
Sie lassen die Mutter in mir wecken.
Jetzt jedoch, leider, ohne Necken.

Queimadas
12. Juni 2009

Liebe

Durch Blicke ist unsere Liebe erwacht,
Entscheidungen haben sie fest gemacht.
Offene Gespräche haben sie gestärkt,
mit Berührungen haben wir sie genährt.
Durch Erlebnisse wurden sie gesegnet
und gute Musik hat sie oft beflügelt.
Schöne Reisen haben sie bereichert
und durch Krisen wurde sie erneuert.
Gegenseitiges Vergeben hat sie geschliffen
und gemeinsames Planen ließ sie wachsen.
Schwere Krankheit hat sie geprüft
und unsere Tränen haben sie vertieft.
Durch Gebete wurde sie getragen
und von Gott liebevoll gehalten.
Sollte der Tod jetzt diese Liebe einfach besiegen?
Dich und deine Liebe mir aus meinem Herzen reißen?
Ich habe Liebe immer als eine Entscheidung verstanden.
Sollte ich mich für das „Dich-nicht-Lieben" nun entscheiden?
Auch wenn vielleicht kommen sollte jemals die Zeit,
in der mein Herz angeblich irgendwann dazu bereit,
möchte ich es heute erst mal nicht anders sagen:
Ich will dich für immer in meinem Herzen tragen.
Ich liebe dich! Trotz allem! Immer noch!
Auch wenn es mir ein schweres Joch,
dich zu lieben nun allein.

Queimadas
14. Juni 2009

Zerbrochen

*Waren unsere gemeinsamen Pläne, Träume, Wünsche
so verkehrt,
dass sie mussten abgebrochen werden, uns so früh-
zeitig verwehrt?*

*Waren unsere Überzeugungen oder Erkenntnisse nur Trug,
dass sie mussten zerbrochen werden wie ein tönerner Krug?*

*Was soll schon Gutes an einem Auftrag sein,
wenn er plötzlich gelebt soll werden allein?*

*Ich verletze mich immer wieder an diesen Fragen
und merke, an so manchen schweren Tagen,
wie scharf doch können sein diese Scherben,
wenn wie in vielen kleinen Stückchen nun mein Leben.*

*So komme ich heute zu Dir mit meines Lebens Scherben
und möchte sie in Deine, für mich verletzten Hände geben.*

*Weil Du sie nicht als nutzlos von Dir wirfst,
sondern, ganz behutsam, an Dich nimmst.*

*Weil Du sie nicht einfach wieder klebst,
sondern, aus dem Zerbruch, Neues erstellst.*

*Neu heißt nicht die Vergangenheit aufzufrischen,
oder vielleicht, verurteilend, einfach abzuwischen.*

Neu heißt für mich ein neuer Blick,
ein geheiltes Weitergehen, Stück für Stück.

Ich glaube, dass Du schon Neues hast für mich bereit,
in das Du liebevoll, wenn ich eines Tages dann so weit,
ganz vorsichtig meine Scherben wirst legen hinein
und zu mir sagst: „Hier sollen sie aufgehoben sein."

Queimadas
22. Juni 2009

Schatten

Wenn ich heute mich von außen so betrachte
und mich zu beschreiben mal versuchen sollte,
würde ich sagen: Wie einen Schatten sehe ich mich.
Unscharfe Konturen dessen, was mir früher glich.

Ich bin noch da, bewege mich, gestalte jeden Tag,
doch ohne den Glanz, der früher in den Augen lag.
Es fehlt mir das Profil, das sonst mich ausgezeichnet,
und auch die Farbe, die mir das Leben bunt gestaltet.

Für welche Vision sollte ich jetzt weiter kämpfen?
Welche Standpunkte könnte ich weiter vertreten?
Lohnt es sich, für andere etwas weiter aufzubauen?
Ist es nicht gefährlich, meinen Zielen weiter zu trauen?

Leider sehe ich mich zurzeit nur so verschwommen
und gleiche damit vielleicht nicht ganz den Frommen.
Viele wünschen sich, ich hätte es schon überstanden,
und auch ich würde gern aufhören, so zu wanken.

Solange dies jedoch für mich noch nicht in Sicht,
glaube ich, dass Schatten ein Zeichen sind von Licht.
Wer kann schon sehen im Dunkeln seinen Schatten,
wenn nicht irgendwo ein Licht ist zu erkennen.

In Seinem hellen Licht möchte ich gelassen
mich bestrahlen, erwärmen, heilen lassen.
Solange ich einen Schatten von mir sehe,
weiß ich, dass ich in Seinem Lichte stehe.

Queimadas
4. Juli 2009

Weisheit

Damals, vor über zwanzig Jahren,
stellte ich Gott meine existenziellen Fragen.
Welchen Auftrag hast Du gedacht für mich?
Wo der Ort, der dafür am besten eignet sich?
Wen hast Du als Gegenüber für mich bereit?
Wie gestalten wir gemeinsam unsere Zeit?
Damals stellte ich mich mutig all diesen Fragen,
denn als offene Tür zeigte sich mir das Leben.
Der Auftrag hat langsam Formen angenommen,
und mit Queimadas haben wir ein Heim bekommen.
Wie für mich geschaffen erschien Christiane mir
und gemeinsam lebten wir unter den Kaingang hier.
Diese reichen Erfahrungen haben uns tief geprägt,
und wir haben erlebt, dass Gott uns in Treue trägt.

Heute haben dieselben Fragen einen anderen Ton,
denn hinter mir liegt nun ein halbes Leben schon.
Hat Gott einen ganz speziellen Auftrag für mich?
Gibt es nur einen Ort, der dafür eignet sich?
Werde ich ein neues Gegenüber brauchen?
Welche kleinen Schritte zuerst mal machen?
Habe noch keine Antworten in klaren Worten
und ihr betet dafür an sehr vielen Orten.
Das tut mir gut, denn ich weiß mich getragen.
Ihr macht mir Mut, das Leben weiter zu wagen.

Was mich dabei jedoch zurzeit beschäftigt:
Ist Gehorsam oder eher Weisheit jetzt wichtig?
Gottes Weg für mein Leben im Gehorsam gehen,
würde bedeuten, Seinen Plan für mich zu sehen.
Er würde mir deutlich sagen: Tue Dies oder tue Das.
Ich müsste nur entscheiden, ob ich es tue oder lass.
Nur erlebe ich nicht in dieser Weise Gottes Reden
und frage mich, ob ich selbst habe zu entscheiden.
Das hieße, ich stehe vor einer Reihe Möglichkeiten,
die es gilt zu bedenken, zu sortieren und zu werten.
Dazu bräuchte ich von Ihm jedoch die Weisheit,
damit ich entscheiden kann in Seiner Freiheit.
Ehrlich gesagt, wäre mir heute der Gehorsam lieber,
vielleicht will Er aber durch Weisheit bringen weiter.

Queimadas
7. Juli 2009

Unfassbar

Unfassbar, dieser Schmerz,
mein Herz wie in zwei Teilen.
Unfassbar, Seine Liebe,
die mich liebevoll will heilen.

Unfassbar, dieses Leid,
das mich so tief getroffen.
Unfassbar, Seine Worte,
die mich lassen wieder hoffen.

Unfassbar, diese Last,
meine Kraft will mir versagen.
Unfassbar, Seine Arme,
die mich weiter werden tragen.

Unfassbar, dieser Abgrund,
über den scheinbar kein Steg.
Unfassbar, Seine Treue,
die mit mir auf diesem Weg.

Unfassbar – Aber wahr!

Queimadas
22. Juli 2009

Unfassbar 2

Unfassbar, das menschliche Leid!
Nicht mit Händen zu fassen,
jedoch am ganzen Körper zu spüren.
Nicht mit Worten zu fassen,
aber immer im Gespräch.
Nicht mit dem Verstand zu fassen,
dennoch Mitte vieler Gedanken.

Unfassbar, das christliche Kreuz!
Nicht mit Händen zu fassen,
jedoch nach wie vor real.
Nicht mit Worten zu fassen,
aber immer noch wahr.
Nicht mit dem Verstand zu fassen,
dennoch weiterhin zentral.

Unfassbar, die göttliche Liebe!
Nicht mit Händen zu fassen,
umfasst mich jedoch ganz.
Nicht mit Worten zu fassen,
bleibt aber meine Botschaft.
Nicht mit dem Verstand zu fassen,
ist dennoch Mitte meiner Gedanken.

Queimadas
1. August 2009

Unfassbar 3

Oft wünschen wir uns den Überblick zu haben
Doch gelegentlich ist Wesentliches
UNSICHTBAR

Oft denken wir feste Vorstellungen zu haben
Doch gelegentlich ist Wesentliches
UNVORSTELLBAR

Oft meinen wir die passenden Worte zu haben
Doch gelegentlich ist Wesentliches
UNSAGBAR

Oft glauben wir es in unseren Händen zu haben
Doch gelegentlich ist Wesentliches
UNFASSBAR

Gottes Augen sehen weiter
Gottes Gedanken gehen weiter
Gottes Worte helfen weiter
Gottes Hände tragen weiter

DAS IST WAHR!

Queimadas
4. August 2009

Männer

Wann ist ein Mann ein Mann?

Wenn er denkt: „Ein Indianer kennt keinen Schmerz?“
Doch wenn er ihn trifft, tief in seinem Herz,
wird er spüren, dass er empfindsam sein kann.

Wann ist ein Mann ein Mann?

Wenn er meint: „Männer weinen nicht?“
Doch wenn Tränen laufen über sein Gesicht,
wird er entdecken, dass er verletzlich sein kann.

Wann ist ein Mann ein Mann?

Wenn er glaubt: „Selbst ist der Mann?“
Doch wenn er sieht, dass er nicht alles kann,
wird er merken, dass er hilfsbedürftig sein kann.

Wann ist ein Mann ein Mann?

Wenn er Schmerz tapfer empfinden kann.
Wenn er Tränen mutig laufen lassen kann.
Wenn er Hilfe selbständig annehmen kann.
Wenn er Gott vertrauensvoll bitten kann:

„Vater, mach aus mir einen ganzen Mann.“

Queimadas
14. September 2009

Schönes allein

Schönes miteinander sehen!

Blicke suchen Blicke,
wollen ohne Worte reden.

Hände suchen Hände,
wollen zart sich berühren.

Leises Geflüster an meinem Ohr:
„Hier könnte ich ewig mit dir stehen!“

Schönes alleine sehen!

Blicke gehen in die Ferne,
wollen in der Weite sich verliern.

Hände greifen ins Leere,
müssen über die Augen gehen.

Leises Geflüster in meinem Herzen:
„Lern dich an Schönem auch alleine zu erfreuen!“

Zum 22. September 2009

Die Vorstellung, in diesem Jahr Christianes Geburtstag gedenken zu müssen, ohne sie in den Arm nehmen zu können, schmerzt unbeschreiblich. Die Erinnerung an die unterschiedlichen Geburtstagsgeschenke in den gemeinsamen Jahren sind mir jetzt zu kostbaren Bildern geworden, für die ich auch sehr dankbar bin. Aber Christiane so nicht mehr beschenken zu können fällt mir schwer, zumal die Geschenke nicht immer uneigennützig waren. Der strahlende Blick aus ihren grünbraunen Augen, der in diesen Momenten nur mir galt, war jedes Geschenk wert und ließ mich immer wieder ganz tief spüren, dass sie mich unendlich lieb hat. Auch diese Blicke sind mir sehr kostbare Bilder, die ich glücklicherweise nicht nur innerlich, sondern auch auf Papier und in meinem Mac vor Augen haben darf. Wie ein eingefrorener Augenblick zwar, der aber durch die Erinnerung mein Herz erwärmt, in einer Mischung von Verlust und Geschenk, von Schmerz und Dankbarkeit, von Sehnsucht und Abgabe, von Tod und Leben. Ich stelle mir vor, dass sie nun uneingeschränkt in mein Herz schauen kann und sieht, dass ich sie weiterhin sehr liebe. Nicht weil ich sie nicht loslassen kann, sondern weil ich das Gefühl habe, dass sie mich mit ihrer Liebe auf Vorrat so beschenkt hat, dass ich auch ohne ihre körperliche Anwesenheit weiterhin davon zehren kann und sie mir auf eine ganz neue Art sehr nahe ist. Das ist zwar kein Ersatz, aber mehr als alles andere, was ich mir ohne sie bislang als Freude vorstellen kann.

So ist es für mich auch erstaunlich und erleichternd zu erleben, dass mein Herz und mein Körper lernen, sich mit dem, was ich mit Christiane erlebt habe, zu begnügen. Die kostbaren Erinnerungen an sie werden nicht mehr mit dem Nebel der Trauer, der Entbehrungen oder der Unvorstellbarkeiten verschleiert.

Um diese Gedanken und Gefühle ins Leben zu holen, beschäftige ich mich in diesen Tagen konkret mit der Gestaltung ihres Grabes; sozusagen mein letztes materielles Geschenk zu ihrem Geburtstag, das ich in aller Stille und Abgeschiedenheit, unter freiem Himmel und Vogelgezwitscher, nun zu gestalten begonnen habe.

Aus dem nahe gelegenen Steinbruch habe ich mit dem Steinmetz, dessen Stärke eigentlich das Brechen von grobem Kopfsteinpflaster ist, vier Sandsteinplatten herausgeschlagen und bearbeitet, die nun auf dem Friedhof ein Zeichen der Auferstehung und des Lebens sein sollen. Ein offenes, unfassbares Kreuz als Durchgang zum Leben, das Jesus uns anbietet, wenn wir „in ihn hineingehen", wie es die Kaingang ausdrücken, wenn man zum Glauben an ihn kommt. Bei Gott gibt es Leben, auch wenn wir sterben, so sagt es Jesus in Johannes 11,25. Das ist der Vers, den ich auf den Stein geschrieben haben, als ein Bekenntnis der Gewissheit, dass dies nun für Christiane schon in Erfüllung gegangen ist und als ein Bekenntnis des Vertrauens, dass Gott auch mit mir an sein Ziel kommen wird.

Dass ich noch nicht zerbrochen bin, meinem Leben nicht davongelaufen bin oder ihm ein Ende gesetzt habe und dass ich die Gegenwart und Güte Gottes tief innen immer wieder spüren darf, lässt sich bei mir nicht auf Selbstbeherrschung, Disziplin, Stärke oder

Glaubensfähigkeit zurückführen, sondern auf das Vertrauen darauf, dass Gott Leben ist und uns umfassendes Leben gibt, wenn wir „in ihn hineingehen“.

Eine Bekannte aus Curitiba bereitet mir Setzlinge von feinen Christusdornen zu, die ich bis zum 22. am Fuß des offenen Kreuzes gepflanzt haben möchte. So wünsche ich mir, auch diesen mit Schmerz behafteten Geburtstag als Anlass nehmen zu können, mich mit dem Leben zu beschäftigen. Dem irdischen und himmlischen, dem jetzigen und zukünftigen, dem vergänglichen und ewigen, dem fassbaren und unfassbaren Leben.

Über den 22. September der letzten Jahre

An Tagen, an denen der Verlust mal wieder unbeschreiblich schmerzt, die Erinnerungen das Herz zuschütten wollen und ich vor lauter Bildern nicht mehr sehen kann, versuche ich etwas „Ordnung“ in meine Gedanken und Gefühle zu bringen, indem ich mich auf eine Auswahl von Bildern beschränke, Erlebnisse zusammenfasse und über Gefühle reflektiere. Gestern war wieder so ein Tag und dieser kleine „Film“ ist dabei entstanden.

2006 waren wir an Christianes Geburtstag in einem kleinen, sehr schönen und abgelegenen Hotel am Strand im Nordosten Brasiliens. Meine Eltern hatten sich wieder einmal der Kinder in Queimadas angenommen und wir hatten eine sehr schöne Zeit zu zweit. Wenn ich unsere Zweisamkeit im Nachhinein so beschreibe, mag das gelegentlich übertrieben scheinen. Aber das ist es nicht. Wir wurden mit unserer Beziehung unglaublich beschenkt und haben dankbar erleben dürfen, was Liebe bedeutet. Diese unbeschwerte Zweisamkeit war mir wie ein liebevoller Blick Gottes, der mich durch Christianes Augen immer wieder neu erreichte. Auch wenn diese Erinnerungen gerade vor dem Hintergrund dieses Bildes so unheimlich wehtun, möchte ich sie nicht missen und bin Gott zutiefst dankbar, sie überhaupt haben zu dürfen.

2007 bereiteten Rebeca und Samuel zu Christianes Geburtstag eine Überraschung mit den Kaingang vor.

Meine Aufgabe bestand darin, Christiane ablenken zu „müssen", während zu Hause alles vorbereitet wurde. Dieser Aufgabe kam ich gerne nach. Wir fuhren auf die Felder der Genossenschaft, genossen uns und die Landschaft und als wir wieder zurückkamen, waren viele Luftballons aufgehängt und ein über 20 kg schwerer Kuchen zum Anschneiden stand bereit. Ein kleines Geburtstagsfest, zu dem einfach mal kurz um die 100 Gäste zusammenkamen. Diese Feier war ein Ausdruck dafür, wie liebevoll Christiane in Queimadas aufgenommen wurde. Es waren Beziehungen gewachsen, die über die Arbeit hinausgingen und im Alltag gelebt wurden. An einem Ort und unter Menschen leben und arbeiten zu dürfen, in deren Nähe man sich wohlfühlt und mit denen man gemeinsam Freude erleben kann, ist uns immer ein Geschenk gewesen, für das wir Gott gedankt haben. Diese unbeschwerte Geselligkeit war uns wie eine liebevolle

Berührung Gottes, die uns durch die Anwesenden erreichte.

2008 haben wir Christianes Geburtstag nur im engen Kreis unserer Mitarbeiter in Queimadas gefeiert. Das Unbeschwerte war vergangen und die Gefühle waren sehr gemischt. Einerseits war da die Freude und Dankbarkeit, diesen Tag überhaupt so erleben zu können. Anderseits lasteten die Schmerzen des vergangenen und die Ungewissheit des nächsten Jahres schwer auf uns. Christianes Gefühl, als Geburtstagsgeschenk von Gott geheilt zu werden, und meine inneren Kämpfe mit dem, was ich mit meinen Augen sah, waren für mich eine harte Zerreißprobe. Wo ist die Grenze zwischen Kleinglaube und gesunder Realitätswahrnehmung? Dennoch haben wir gefeiert und diesen Tag zu einer unvergesslichen Erinnerung gemacht. In allem Leid getragen zu werden, nicht allein gelassen zu sein und sich immer wieder daran festhalten zu können, dass wir einen allmächtigen, gegenwärtigen, persönlichen, liebenden und ewigen Gott haben, war und ist wohl unser größtes Geschenk.

2009 wurde mir der Tag von Christianes Geburtstag zu einem Tag tiefer Einsamkeit. Menschen, die mir geografisch am nächsten waren, wollten oder konnten mein schmerzendes Herz nicht erreichen. Als ich Rebeca und Samuel im Vorfeld fragte, wie wir den Tag bedenken könnten, kam nur ein grobes: „Ach, Papa, die Kaingang machen auch nichts!“ Meine Eltern waren zu einem wichtigen Besuch in einem anderen Reservat unterwegs und Renate hatte Christiane nie kennengelernt. So blieben mir die sehr lieb gemeinten, aber doch nur virtuellen Umarmungen von Menschen, die geografisch zwar Tausende von Kilometern entfernt waren, aber dennoch den Weg zu meinem Herzen suchten. Auch wenn es fast den ganzen Tag geregnet hat und Gespräche und Verhandlungen mich in Beschlag nahmen, konnte ich mich am Nachmittag ruhig an Christianes Grab setzen und mein „Trost"-Album mit den persönlichen Zusagen Gottes in mein Herz holen.

Queimadas
3. Oktober 2009

Rosen

Deine Rosen,
vor Jahren gepflanzt
zu erfreuen dein Herz.
Heute blühen sie
unter Tränenschmerz.

Deine Rosen,
ohne dein Blick,
ohne dein Herz.
Heute welken sie
unter Stachelschmerz.

Deine Rosen
hatten auch Stacheln,
aber voller Liebe und Güte.
Das Leben heute ohne dich
ist wie Stacheln ohne Blüte.

Queimadas
12. Oktober 2009

Die letzten Wochen waren wieder angefüllt mit den üblichen Herausforderungen der Kaingangarbeit.

Gespräche und Reisen zu Gemeindeleitern, das Wagnis eines neuen Landwirtschaftsjahres anzufangen, Gemeindefeste und Taufen, die Gründung einer Gemeinde und der Bau einer Kirche in Zusammenarbeit mit einer Baptistengemeinde in Mococa, Planung einer Kirche in Barreiro, Verleumdungen, Verhandlungen, Geschäfte, Planungen, u.v.m. haben mich gefordert und es gäbe viel darüber zu schreiben. Dennoch möchte ich auch diesmal wieder den Schwerpunkt auf das legen, was in meinem Inneren vor sich geht. Vielen ist dieser Einblick zur Hilfe geworden, um konkret für uns zu beten, und hat auch einigen geholfen, einen Trauerprozess besser zu verstehen, um dadurch anderen helfen zu können. Daher bitte ich um Nachsicht, wenn ich wieder nicht über das schreibe, was ich tue, was man wohl von einem Missionar so erwartet, sondern über das, was ich zurzeit bin, fühle und denke.

Ein für mich wichtiger Prozess, denn ich glaube, dass all das, was ich tue und tun werde, sehr davon abhängt, wie ich mit mir in der jeweiligen Phase der Trauer zurechtkomme und daraus hervorgehe.

Rebeca und Samuel sind nach wie vor sehr aktiv, spielen gerne und viel. Die Umstellung von Hannah zu Renate ist nicht so, wie ich es mir gewünscht hätte, und Rebeca und Samuel wurden bisher noch nicht so richtig warm mit ihr. Renate trägt es jedoch mit Geduld und Verständnis, dafür bin ich ihr sehr dankbar. In der Schule geht es den Kindern gut und die Vorfreude auf die zehn Tage bei meiner Schwester Ester nächste Woche im Norden Brasiliens und der geplante Urlaub mit der Familie meiner Schwester Andrea im Dezember ist groß. Der Kampf ums Aufräumen im Zimmer und das Mithelfen im Haus ist alltäglich. Angeblich ganz normal. Renate schlägt sich tapfer und ist mir eine große Hilfe.

Auch wenn sie sich anfänglich Sorgen gemacht hat, ob sie so als „Hausfrau" zurechtkommt, gelingt es ihr und sie kocht abwechslungsreich und schmackhaft. Sie lernt fleißig Portugiesisch und scheint sich auch mit der Abgeschiedenheit von Queimadas arrangiert zu haben.

Langsam nähert sich der 22.11. und ich merke, dass die letzte Wegstrecke in diesem Jahreszyklus nicht leicht sein wird. Der sich zunehmend verschlechternde Zustand von Christiane, die Termine, Krisen, Bilder, Gefühle, Gespräche und Gedanken von damals werden wieder lebendig und müssen im Rückblick nun auf eine andere Weise verkraftet und verarbeitet werden. Es ist nicht so, als ob sich der Kreis nun schließt, sondern als ob die Wunde noch einmal neu aufgerissen wird. Es ist, als ob man die letzten schmerzvollen Wochen und Tage noch einmal durchleben muss. Nur diesmal ohne Christiane. Dass dieses erste Jahr nun langsam überstanden ist, stellt mich jedoch auch vor neue Herausforderungen.

Nachdem ich zuletzt anklingen ließ, dass der körperliche und emotionale Schmerz des Verlustes um Christiane langsam abklingt und der Blick in die Vergangenheit nicht mehr die einzige Richtung ist, bekommen auch meine Gefühle eine neue Richtung. Ein Sturm setzt in mir ein und ich versuche mich zu verstehen. Vielleicht könnte ich es so beschreiben: In den letzten Monaten hat der Ka´egso in mir sehr viel Zuwendung, Aufmerksamkeit, Trost, Ermutigung, Hilfe und Verständnis bekommen. Das hat eine Entwicklung zum Ergebnis, über die ich so im Rückblick nur staunen und danken kann. Bilder und Texte reifen. Es spielt sich vieles ein, wird langsam erträglich und ist vergleichbar mit dem langsamen Heilungsprozess einer Amputationswunde. Ich lerne nach vorne zu „humpeln" und spüre, dass viele sich mitfreuen und mich dabei ermutigen.

Doch nun erlebe ich, dass der Mann sich in mir wieder meldet und in der Konfrontation mit dem Ka´egso wilde Wellen schlägt. Gegensätzliche Empfindungen und Wünsche prallen wie zwei Wetterfronten aufeinander. Solange Christiane lebte, wurden diese „beiden" voll und ganz beachtet, genährt, ermutigt und gefördert. Sie reiften miteinander, wiesen sich gegenseitig in die Schranken, waren Freunde und zogen in die gleiche Richtung. Nun ist es anders. Christiane, die wie ein ausgleichender Schutz um mich war, ist nicht mehr da und ich habe das Gefühl, erst mal schutzlos diesem männlichen Sturm ausgesetzt zu sein. Es ist schon grausam zu erkennen, dass das, was am Mann in der Beziehung mit Christiane nicht nur nötig, sondern auch geschätzt, genossen und gefördert wurde, plötzlich als Versuchung, Fleisch oder Sünde eingestuft werden soll. Es ist fast so, als ob der Mann etwas neidisch auf den Ka´egso ist und ihm mürrisch sagt: „So, nun habe ich lange genug Rücksicht auf dich genommen, mich zurückgehalten, habe deinen Schmerz respektiert und mitgetragen. Jetzt möchte ich aber auch mal wieder was sagen. Ich möchte auch mal wieder beachtet werden und Aufmerksamkeit bekommen. Du magst ja davon überzeugt sein, ganz gut mit der Liebe aus der Erinnerung und all der Zuwendung, die dir als Ka´egso entgegengebracht wird, zurechtzukommen, ich aber nicht. Ich möchte ein handfestes Gegenüber. Ich brauche Zwiesprache. Dein Versuch, dir das Leben so einzurichten, musst du auch mit mir besprechen. Ich lebe noch. Ich bin nicht das ‚sündige Fleisch', sondern habe auch von Gott geschaffene Gaben und lasse mich nicht einfach so zur Seite beten. Wenn wir zusammen wieder eine Zukunft haben wollen, müssen wir einen gemeinsamen Weg finden, der uns beide berücksichtigt."

Solange ich es mit Menschen zu tun habe, mit denen sich „nur" der Ka´egso beschäftigt, geht es ja ganz gut, die Wogen glätten sich und ich kann mich weiter entfalten. Wenn es jedoch zu einer Begegnung kommt, bei der auch die Aufmerksamkeit des Mannes geweckt wird, dann brechen Wünsche und Gefühle aufeinander, die mich ganz neu herausfordern. Im geografisch abgelegenen Queimadas geschieht dies ja nicht so oft, aber ein einziges Mal reicht, um mir zu zeigen, dass es eine neue Wetterfront gibt, auf die ich mich einstellen muss, besonders wenn ich wieder „unter die Leute komme" und dabei nicht immer gleich umgehauen werden möchte. Ich muss lernen, mir einen neuen Schutz anzulegen und neue, für meine Situation passende Maßstäbe zu erarbeiten, an denen sowohl der Ka´egso als auch der Mann miteinander Begegnungen und Möglichkeiten messen können. Ich bin Gott sehr dankbar, dass er mir für diese Zeit wieder die richtigen Menschen zur Seite gestellt hat, die mir mit ihrer Reife und ihrem Verständnis durch diese Wellen helfen. Mein Anliegen ist es, dass der Ka´egso einer neuen Beziehung nicht so viele Hindernisse in den Weg legt oder dass der Mann in mir eine Entwicklung durchmacht, damit er auch ohne ein weibliches Gegenüber zufrieden und erfüllt sein kann. Beides ist möglich, bedeutet aber noch schwere Arbeit, die ich nicht überstürzt oder alleine bewältigen kann. Aber wie gut, dass ich mit dieser Last nicht allein dastehe.

Queimadas
12. Oktober 2009

Fluss

Vater,
verwandle du
auf dem Fluss meines Lebens
gefährliche Sandbänke
in Orte der Ruhe;

verführerische Abzweigungen
in Zeichen der Orientierung;

erschöpfende Länge
in Stärkung der Geduld;

entmutigende Kurven
in Blicke der Hoffnung;

verwirrende Richtungen
in Übungen des Vertrauens.

Queimadas
22. November 2009

Lange habe ich mich mit der Frage nach der Gestaltung dieses schweren Tages beschäftigt und bin doch zu keiner guten Antwort gekommen.

Es regte sich in mir der starke Wunsch, allein zu sein und meine Ruhe zu haben. Ich spielte mit dem Gedanken, mir ein Hotelzimmer in der Nähe zu nehmen, den Tag zu „verschlafen" und am nächsten Tag aufzuwachen, und alles wäre einfach überstanden. Andererseits hatte ich keinen Frieden darüber, mich zurückzuziehen, gerade auch der Kinder wegen. Ich hatte eine volle Woche am Rio das Cobras hinter mir. Samuel hatte sich in meiner Abwesenheit seinen Fuß so stark geprellt, dass er erst mal nicht mehr laufen konnte. Er war sehr tapfer, als er mit mir am Telefon darüber sprach und die nötigen Maßnahmen über sich ergehen ließ, bis die Diagnose, dass es kein Knochenbruch war, feststand. Als ich dann am Samstag wieder zu Hause war, sagte er nur, er möchte nicht, dass ich wieder weggehe. Sollte ich also versuchen, den Tag in der gewohnten Umgebung mit den gewohnten Herausforderungen des Alltags, den Gesprächen und Telefonaten zu gestalten? Mir graute davor.

Meine Eltern kamen aus Curitiba, um das Wochenende in Queimadas zu sein, und gaben mir alle Freiheit, selbst zu entscheiden, was mir guttäte. Aber eine gute oder passende Idee hatte keiner von uns. Sicher ein Zeichen dafür, dass es für einen solchen Tag keine ideale Gestaltungsmöglichkeit gibt und er einfach ausgehalten werden muss, wie so viele andere Tage und Situationen. So ging ich am Samstag etwas früher zu Bett und flehte Gott an, mich doch am nächsten Tag zu beschenken.

Und er tat es!

Erst wurde ich von einer sehr lieben und einfühlsamen SMS geweckt, habe dann geduscht, mich rasiert, etwas Ordentliches angezogen und mich in „Christianes" Sessel vor unser großes Schlafzimmerfenster gesetzt, mir die Musik von meinem „Trostordner" ins Ohr gesteckt und die Bibel aufgeschlagen. Ich hatte schon am Tag vorher auf die Losung vom 22. geschielt und war gespannt, was Gott mir mit dem Vers aus dem Neuen Testament sagen wollte. Wie bekannte Geschichten doch eine neue Tiefe bekommen können, wenn sie in eine konkrete Situation von Gott hineingesprochen werden. „Weine nicht!", sagt Jesus der Witwe, die von einer mitfühlenden Menge umgeben ihren Sohn zu Grabe trägt. Ich könnte mir vorstellen, dass auch schon andere ihr diesen Satz zugesprochen und versucht hatten, sie zu trösten und ihr Mut zuzusprechen. Vielleicht war sie auch aufgefordert worden, tapfer zu sein und sich zusammenzureißen, andere würden ja auch leiden und im Krieg sei es schlimmer. Vielleicht waren auch fromme Menschen unter ihnen, die ihr sagten, dass Gott einen Plan für einen jeden von uns hat, dass er ihren Mangel ausfüllen würde, dass sie ihm vertrauen müsse und dass es schon einen Weg und eine Zukunft für sie gäbe. Alles lieb gemeinte und auch richtige Worte. Dennoch weinte sie immer noch, denn ihr Verlust ist weder eingebildet noch übertrieben. Sie hatte allen Grund zu weinen. Kein noch so gut gemeinter Trost oder die Aufforderung, stark zu sein, hatten ihr geholfen. All das hatte nicht ihr Herz erreicht.

Aber dann kommt Jesus, sieht sie und es ergreift ihn das Mitleid und er sagt: „Weine nicht!"

Worin liegt aber nun der Unterschied zwischen diesem Satz und dem, was die Freunde aussprechen? Für mich liegt ein Unterschied darin, dass das menschliche „Weine nicht!" oft nur gegen die Tränen der Augen gerichtet ist oder gerichtet sein kann. Wir wünschen uns, dass der andere nicht mehr weint, dass er wieder einen klaren Blick bekommt, dass seine Augen wieder strahlen. Nicht selten vielleicht auch mit dem unbewussten Hintergedanken, dass es einem selbst dann auch wieder besser geht. Aber allzu oft müssen wir uns eingestehen, dass wir bei allem gut gemeinten Trost der Trauersituation letztlich hilflos gegenüberstehen, dass unsere Worte nicht viel bewirken und unser Beitrag sich darauf beschränkt, dass wir mitweinen, dass wir dabeibleiben, dass wir mitgehen. Alles andere steht nicht in unserer Macht.

Bei Jesus ist es anders. Ich empfinde, dass sein „Weine nicht!" sich gegen die Tränen des Herzens richtet. Die Tränen der Ausweglosigkeit, der Verzweiflung, der Hoffnungslosigkeit. Und er sagt diesen Satz mit der Autorität dessen, der in der Lage ist, etwas zu tun, zu verändern, zu heilen, in Ordnung zu bringen, ja, wieder zum Leben zu erwecken. Es ist kein hilfloser, sondern ein verändernder Trost. Keine Worte, die sich an die Oberfläche unseres menschlichen Daseins richten, sondern die die Hintergründe des Lebens ansprechen. Er tröstet nicht mit leeren Händen, sondern berührt liebevoll unseren Verlust und verwandelt ihn in ein unverdientes Geschenk. Wenn einem das bewusst wird, dann laufen wieder die Tränen.

Tränen, die jedoch nicht getrocknet werden müssen, denn es sind Tränen der Dankbarkeit, der neuen Hoffnung, der Freude über eine neu erwachte Zukunft. Es sind Tränen des Lichts!

Und so sitze ich am Anfang dieses Tages da und erlebe, wie sich meine Tränen verändern und ich danke Gott für dieses Geschenk und vertraue ihm, dass er nicht nur durch diesen Tag hindurchhelfen wird, sondern durch dieses „Weine nicht!“ auch meine Zukunft angerührt und zum Leben erweckt hat. Nicht in einem Augenzwinkern oder durch die schlagartige Veränderung der äußeren Umstände, aber durch das Öffnen des Herzens und das Geschenk des Vertrauens, dass es weiterhin Leben gibt. Auch für mich!

So waren das lieb gerichtete Frühstück und der anschließende Gottesdienst zwar nicht leicht zu verkraften, standen aber in einem anderen Licht. Meine Eltern waren sehr lieb und verständnisvoll. In der Gemeinde wurde liebevoll an Christiane gedacht und die Kindergruppe sang ein von Christiane ins Kaingang übersetztes Kinderlied. Zum Mittagessen hatte eine Bekannte uns das Essen schon vorgekocht und die Kinder freuten sich auf den Nachmittag (für Rebeca stand Üben mit ihrer Tanzgruppe in der Kirche auf dem Programm und Samuel wollte zu seinem Freund zum Taubenschießen).

Ich zog mich in mein Zimmer zurück, um mit mir und meiner Zukunft etwas allein zu sein. Ich hatte irgendwie das paradoxe Gefühl, den Tag nun in zwei Richtungen zu leben. Einerseits der Blick zurück, der Schmerz des Verlustes, die Sehnsucht und das Vermissen von Christiane und anderseits der Blick nach vorne, die Freude und Dankbarkeit über das Geschenk einer Zukunft. Dies so gleichzeitig zu leben, zu denken und zu fühlen, lässt sich nur schwer beschreiben und ist sicherlich nicht für jeden nachvollziehbar.

Der Besuch auf dem Friedhof stand danach in einem anderen Licht, auch wenn Gewitterwolken heraufgezogen waren und der Regen meine Zeit dort verkürzte. Jesus hatte mir sein: „Weine nicht!“ gerade und genau an dem Ort zugesprochen, wo es besonders wehtat.

Nachwort

Vielleicht lässt sich aus meinen letzten Briefen herauslesen, dass es inzwischen eine sehr einschneidende Entwicklung in meinem Leben gegeben hat. Der tiefe Schmerz und meine Not spitzte sich immer mehr zu und gipfelte in einem nicht zu vereinbarenden Gegensatz der Gefühle: meiner anhaltenden Liebe zu Christiane in allem, was sie mir bedeutete, und dem immer stärker werdenden Bedürfnis nach einem greifbaren Gegenüber. Unter Tränen klagte ich Gott und meinen Eltern mein Leid und schrieb mir meine Not von der Seele. Dabei entblößte ich Gefühle und offene Fragen und schrieb dann nicht mehr so zeitnah über die fast täglichen Kämpfe, Fragen und Entwicklungen in meinem Inneren, sondern besprach sie erst mal nur mit meinen Eltern.

An Christianes Todestag, am 22. November, hatte mir Gott durch sein Wort ein ganz persönliches „Weine nicht!“ zugesprochen, und nun möchte ich davon berichten, wie diese „Auferstehung“ von den Toten in meiner Situation konkret wurde.

Schon zwei Monate früher, an Christianes Geburtstag am 22. September, begann für mich eine neue Phase der Verarbeitung meines Schmerzes. Gott gab mir ein Schreibgegenüber, das mich mit sehr viel Einfühlungsvermögen und Verständnis dazu herausforderte, in die Vergangenheit zu schauen, über Gefühle zu reflektieren und konkrete Dinge über meinen Verlust zu formulieren. Dies berührte und half meinem schmerzenden Herz in einer solch lindernden Art und Weise, dass seit diesem schweren Tag eine tiefe und intensive schriftliche Kommunikation begann. Die gemeinsame Auseinandersetzung mit Büchern, Texten und Erfahrungen anderer machte diesem Gegenüber den Blick frei für die Spuren von Leid, Schmerz, Verlust, Treue und Liebe in meinem Herzen und mir wurde der Blick für Leben, Heilung, Neues, Farben, Blumen, Zukunft geöffnet ... Ohne dass es einer von uns bewusst geplant, gewünscht oder gar gedreht hätte, begannen wir uns durch diesen Schriftverkehr mit anderen Augen zu sehen. Wir gaben uns Einblick in unsere tiefen Wünsche und, um die Geschichte etwas abzukürzen, entdeckten, dass wir viele Gemeinsamkeiten in unseren Erwartungen und Vorstellungen an das Leben, unsere Arbeit und an eine Beziehung hatten. Dass eine solche Entdeckung nicht spurlos an einem vorübergeht, kann man sich vorstellen und es begann eine nicht leichte Zeit des Fragens: Ist diese Beziehung eine gute Entscheidung? Was wird aus meiner Liebe zu Christiane? Liegen unsere Welten nicht zu weit auseinander? Werde ich je wieder ein guter Ehemann sein können? Und vor allem: Was hält Gott von alldem?

Eipeen Huang ist 38 Jahre alt, hat chinesische Eltern, ist in Seattle/USA geboren und aufgewachsen und hat sich nach ihrem Studium vor 15 Jahren in den Missionsdienst rufen lassen. Nach den ersten Jahren in Mexico hat sie in den letzten zehn Jahren in Brasilien mit ihrer Mission Global Recordings Network eine Arbeit unter den Indianervölkern aufgebaut und in den letzten Jahren auch schon bei uns hier im Süden unter den Guarani und Kaingang einige Aufnahmen von Bibeltexten, Andachten und Liedern gemacht. Daraus ist eine Freundschaft entstanden und sie war die letzte Besucherin bei Christiane, bevor die Krankheitszeit im Oktober 2007 begann. Bei diesem Besuch ist ein Foto entstanden, das mir heute zu einem sehr wertvollen Geschenk geworden ist, denn es strahlt etwas von dem aus, wie ich meine Gegenwart heute empfinde. Eipeen und ich können über Christiane, über ihre Art, ihr Leben, ihren Einsatz bei den Kaingang, ihre Bereitschaft, ihr Leben einzusetzen, ihre Liebe, ihre Gastfreundschaft und all ihre Spuren in meinem Leben sprechen, ohne dass sie dabei als Konkurrenz, als Schatten oder als Bedrohung empfunden wird. Christiane darf ihren Platz nicht nur in meinem Herzen behalten, sondern hatte auch schon vor Langem einen wichtigen Platz im Herzen von Eipeen eingenommen und ich erlebe, dass wir nun gemeinsam einen sehr wertvollen Schatz in unserem Herzen tragen, der unser Leben geprägt hat. Eipeens feinfühlige Art und ihr Umgang mit meiner „Amputation", ihre Dankbarkeit für all das, was Christiane an mir schon abgeschliffen hat, und ihr Erstaunen über all das, was Gott in meinem Leben bisher hat reifen lassen, hat dazu geführt, dass ich mich wieder ganz neu verliebt habe. Für mich ist das ein Wunder. Ich hatte die Auferweckung dieses Gefühls seit Christianes Tod nicht mehr für möglich gehalten. So sehe ich mich heute als ein doppelt Beschenkter, dem Gott so liebevoll begegnet und ihn nun zum zweiten Mal mit einem sehr wertvollen und lieben Menschen beschenkt. Dadurch wird es möglich, auch weiterhin unter den Indianern und für sie zu leben. Ja mehr noch: Es füllt dieses Leben mit einer Qualität und Schönheit, dass ich nur sehr demütig und beschämt Danke sagen kann. Ich spüre eine große Dankbarkeit Gott gegenüber, der mir seine Treue so konkret und liebevoll zeigt.

Ich kann mir vorstellen, dass all das, was ich nun hier auf wenige Seiten zwänge, erst mal nicht ganz so leicht zu „verdauen" ist. Ich selbst habe Wochen gebraucht, um mit meinen Gefühlen zurechtzukommen. Was sich hier nun so flüssig und rund liest, ist über mehrere Monate hinweg ein langer, tränenreicher und steiniger Weg gewesen.

Dabei brennt die Frage unter den Nägeln, wie es Rebecca und Samuel geht. Rebeca hat schon über Facebook Kontakt aufgenommen und Samuel ist etwas schüchterner, was jedoch seiner Art entspricht. Beide haben sich positiv darüber geäußert, dass ich jetzt nicht mehr so viel weine, und gehen bisher alle Wege der Planungen mit und sagen ganz offen, was sie möchten oder nicht möchten, was mitunter zu sehr interessanten Gesprächsgängen führt. Wir sind aber voller Zuversicht, dass wir gemeinsam auf einem guten Weg sind. Ich glaube auch, dass uns die Tatsache, dass wir seit Dezember unseren Alltag allein bestreiten, zusammenbringt. Berge von Geschirr und Wäsche werden gemeinsam abgetragen und die Gespräche bei den gemeinsamen Mahlzeiten sind auch immer wieder von Mitverantwortung und gemeinsamem Planen geprägt.

Meine Kommunikation mit Eipeen bat sich bisher nur über Kontinente (Brasilien/USA/China/Taiwan) hinweg und dazugehörige schlafraubende Zeitverschiebungen gestalten lassen, was dazu führte, dass wir eine ganz persönliche Form des Schreibens entwickelt haben und unsere inneren Gefühle oft in Bildern zum Ausdruck bringen.

Nun gilt es für uns diese Zeit der Trennung bis zu unserem ersten Zusammensein zu durchleben. Keine leichte Zeit, denn die Vorfreude erledigt keine Abrechnungen, wäscht keine Wäsche, kocht kein Mittagessen und verteilt auch keine Streicheleinheiten. Daher erbitten wir uns immer wieder Gottes Kraft und

Dankbarkeit, damit wir unserer Verantwortung nachkommen können.

Queimadas
22. November 2010

Widersprüchlich

Als neu Beschenkter
Wertvolles vermissen

Als tief Getrösteter
immer wieder trauern

Als liebevoll Geheilter
bleibende Narben spüren

Als treu Gehaltener
offene Fragen tragen

Als sicher Geführter
ungewisse Wege gehen

Inzwischen sind Ka'egso und Eipeen verheiratet und leben mit Rebeca und Samuel weiterhin unter den Kaingang-Indianern in Queimadas.

Weitere Buchtipps

Stefan Kürle, Wolfgang Winkler
Ich male meine Freude an den Himmel
Mutmachende Andachten für jeden Tag des Jahres
ISBN 978-3-86827-109-6
560 Seiten, Paperback

Auf dem Rückweg von einer Indianerkonferenz saß Alfredo neben mir auf dem Beifahrersitz unseres vollbesetzten Landrovers. Es war windig, kalt und dunkel. Ich schaltete die Heizung an und eine angenehme Wärme breitete sich aus. Alfredo wurde immer unruhiger und sah sich überall um. Nach einiger Zeit fragte er mich sichtlich verwirrt: „Wo hast du dein Feuer gemacht?“

Erst verstand ich nicht, doch dann ging mir ein Licht auf: Er meinte die angenehme Wärme im Wagen. Natürlich, wenn ihm kalt war, machte er in seiner Strohhütte ein Feuer und setzte sich daneben. Dass man in einem fahrenden Auto so etwas auch tun konnte, hatte er bis dahin noch nicht erlebt. Als ich ihn nach 2 Stunden Fahrt vor seiner Hütte absetzte, meinte er: „Ich steige nicht aus, dein Feuer gefällt mir!“

Geht es uns nicht manchmal auch so? Wir haben feste Vorstellungen, wie alles funktioniert oder wie Gott uns helfen sollte. Aber er geht oft ganz andere Wege, um uns zu „erwärmen“. Trauen wir es Gott zu, über unser Verstehen hinaus in unser Leben hineinzuwirken?

Werner und Susanne Riderer
Meines Fußes Leuchte
365 x Licht für den Alltag
ISBN 978-3-86827-274-1
364 Seiten, gebunden

Bei Licht betrachtet sehen die Dinge gleich ganz anders aus: Licht bringt Klarheit, Wärme und Hoffnung. Licht vertreibt die »Schrecken der Nacht«; wo es hell ist, müssen Ängste weichen. Wenn etwas ans Licht kommt, kann uns dies erschüttern. Letztendlich bewirkt es aber Befreiung und Erlösung.

Jesus ist das Licht, das in die Welt gekommen ist. Die Bibel berichtet davon, wie Menschen in Jesu Gegenwart Hilfe und Befreiung erlebt haben. Bis heute hat sich daran nichts geändert: Mit Jesus an unserer Seite gehen wir unseren Weg mit Zuversicht.

Alle Andachten dieses Buches stammen von Mitarbeitern des Missionswerks Wycliff bzw. von Freunden, die eng mit Wycliff verbunden sind. Sie lassen lebendig werden, wie wir Gott Tag für Tag in unserem Leben erfahren können, wie er um uns herum auf erstaunliche Weise am Wirken ist, wie sein Licht uns den Weg weist. Die Andachten öffnen die Augen für Gottes Herrlichkeit und seine Gegenwart in unserem Alltag.

Ilse Roennpagel
Die Urwaldhebamme und ihre Kinder
Neues aus dem brasilianischen Urwald
ISBN 978-3-86827-034-1
176 Seiten, kartoniert

„Man muss sie erlebt haben, die Urwaldhebamme und ihre unvergleichlichen Geschichten zwischen Himmel und Erde. Sie ist ein Backofen voller Wärme und Liebe, ihr strahlendes Gesicht und ihr gewinnendes Wesen erzählen die Höhen und Tiefen eines Lebens unter der Regie Gotte. Schwester Ilse hat sich für ein Leben in einer Schwesterngemeinschaft entschieden, sie hat auf Ehe und Familie verzichtet und ist auf bewegende Weise vielen Menschen in Brasilien zu einer Mutter in Christus geworden. Sie hat als Hebamme nicht nur den Neugeborenen ins Leben geholfen, sie hat auch vielen Erwachsenen geistliche Geburtshilfe geleistet. Vorsicht, die Lektüre dieses Buches ist ansteckend." *Jürgen Mette*

Ilse Roennpagel
Neues von der Urwaldhebamme
Aus dem Tagebuch einer Missionarin
ISBN 978-3-86827-192-8
128 Seiten, kartoniert

Wieder öffnet Schwester Ilse Roennpagel ihr Tagebuch und gewährt Einblicke in ungewöhnliche, bewegende und spannende Erlebnisse während ihrer Zeit als Urwaldhebamme und Missionarin in Brasilien.

Ihre Geschichten über geheimnisvolle Kuchenverzierungen und nächtliches Treiben auf dem Dachboden laden zum Schmunzeln ein. Mitzuerleben, wie sie von Räubern überfallen und entführt wird, lässt einem hingegen das Blut in den Adern gefrieren.

Der rote Faden, der sich durch all die unterschiedlichen Erzählungen von Schwester Ilse zieht, ist ihr großes Gottvertrauen. Es ist erstaunlich und zutiefst faszinierend: Selbst in schwierigsten Situationen lässt sie nie den Kopf hängen, sondern schickt ein Gebet gen Himmel. Und so erfährt sie in manch auswegloser Situation Gottes Eingreifen. Ihre Berichte ermutigen zu einem Leben mit Gott.

Steve Saint
Die Spitze des Speers
Eine wahre Geschichte
ISBN 978-3-86827-108-9
400 Seiten, kartoniert

Steve Saint ist fünf Jahre alt, als sein Vater Nate zusammen mit vier anderen Missionaren, unter ihnen Jim Elliot, ermordet wird. Die Speere primitiver ecuadorianischer Eingeborener durchbohren den Piloten und seine Kollegen.

Inzwischen erwachsen, lebt Steve in den USA und macht in der Wirtschaft Karriere. Wieder nach Ecuador zurückzukehren, gehört nicht zu seinem Lebensplan. Doch dann bittet ihn der Stamm um Hilfe, der seinen Vater auf dem Gewissen hat. Und so zieht Steve mit seiner Familie in den Dschungel zu den Huaorani, die inzwischen zu Gott gefunden haben. Als er hinter lange gehütete Geheimnisse um den Mord an seinem Vater kommt, steht er vor schweren Entscheidungen – und erfährt, wie das Leben und der Tod seines Vaters das Leben anderer für immer verändert hat.

Sarah Lanier
Überall zu Hause?!
Menschen aus fremden Kulturen verstehen
ISBN 978-3-86122-856-1
112 Seiten, kartoniert

Immer mehr Menschen gehen auf Reisen, wandern aus, müssen fliehen, arbeiten im Ausland oder chatten einfach im Internet. Kulturen begegnen sich und bleiben einander doch fremd. Manchmal gefährlich fremd. Doch der „Kampf der Kulturen" ist nicht unvermeidlich: Wir alle können nur gewinnen, wenn wir begreifen, warum die anderen so ticken, wie sie ticken – ob es mein Wohnungsnachbar aus Afrika ist oder mein Praktikum in Australien, Bahrein oder Costa Rica. Sarah Lanier hat als international tätige Lehrerin und Vortragsreisende für Jugend mit einer Mission auf allen fünf Kontinenten gelebt. Über viele Jahre hinweg hat sie die Grundprinzipien für den Umgang der Kulturen miteinander entdeckt und gelernt. Egal, ob Sie einen Auslandsaufenthalt planen, einfach nur Ihren Horizont erweitern möchten oder neue Wege suchen, mit der Guten Nachricht bei Ihren Nachbarn verstanden zu werden – dieses Erfahrungspotential sollten Sie nutzen!

Annemie Grosshauser
Globetrotter
Familien im interkulturellen Dienst
ISBN 978-3-86827-039-6
140 Seiten, kartoniert

Planen Sie einen Auslandseinsatz oder sind Sie bereits im interkulturellen Dienst?
Die Rahmenbedingungen für Auslandseinsätze unterliegen einem extremen Wandel. Eine Familie, die sich ins Ausland begibt, hat sich vielen Herausforderungen zu stellen. Globalisierung, erhöhte Sicherheitsrisiken, instabile politische Verhältnisse, das Internet und der Zwang zu größtmöglicher Mobilität führen zu sich ständig verändernden Lebens- und Arbeitsbedingungen. Mit diesem Buch ermutigt Annemie Grosshauser die Familien, die sich diesen Herausforderungen stellen. Darüber hinaus bestärkt und sensibilisiert sie die Freunde, Gemeinden, Personalleiter und die Verantwortlichen der sendenden Organisationen in ihrer unterstützenden Begleitung. Sie macht auf Chancen und Verluste aufmerksam, die durch den kulturübergreifenden Dienst entstehen können. Im Zentrum ihrer Betrachtung steht die Belastbarkeit der Familie, die sich vorrangig auf drei Säulen stützt: die Ehefähigkeit der Eltern, die Achtung der Individualität der Kinder und die geistliche Stabilität innerhalb der Familie. Wenn Eltern auf dieses Fundament bauen, wird ihr Dienst sowohl für ihre interkulturell aufwachsenden Kinder als auch für die Menschen, denen sie durch ihr Vorleben und ihren Einsatz ein Zeugnis geben wollen, zum Segen.

David E. Pollock, Ruth Van Reken, Georg Pflüger
Third Culture Kids
Aufwachsen in mehreren Kulturen
ISBN 978-3-86122-632-1
400 Seiten, Paperback

Ob in der Auslands-Niederlassung einer Firma oder auf einer Missionsstation, ob in einer diplomatischen Vertretung oder im Tross des Militärs – jährlich steigt die Zahl der Kinder, die in unterschiedlichen Kulturkreisen aufwachsen.
Authentisch, detailliert und sorgfältig recherchiert beschreibt dieses Buch, was das Leben dieser so genannten „Third Culture Kids“ ausmacht, welchen besonderen Problemen sie begegnen und welche speziellen Chancen sich ihnen eröffnen. Denn unmittelbarer als ihre Altersgenossen lernen diese Kinder sowohl die Freuden des Entdeckens als auch die Erfahrungen schmerzhaften Verlustes kennen. Es gelten andere Gesetze für ihren Reifungsprozess, sie gehen andere Wege auf der Suche nach ihrer Identität, und sie sind herausgefordert, jenseits aller Ortwechsel eine Heimat zu finden. In Interviews, Gedichten und Berichten lassen Pollock und Van Reken die TCKs zu Wort kommen. Aus ihren Zeugnissen arbeiten sie die charakterlichen und emotionalen Grundstrukturen heraus, die Kinder mit diesem Hintergrund in der Mehrzahl entwickeln.
So entsteht aus dem reichen schriftlichen Erbe ungezählter TCKs, der Lebenserfahrung der Autoren und ihrer langjährigen Berufspraxis eine Sammlung wertvoller Perspektiven – Perspektiven persönlicher und beruflicher Art, die sich nur diesen Wanderern zwischen den Kulturen eröffnen.
Für Eltern, Erzieher und die vielen Tausend TCKs rund um den Globus zeichnet dieses wertvolle Buch eine Landkarte der psychischen, physischen, kulturellen und geografischen Höhen und Tiefen im Leben eines globalen Nomaden.